TRANSPORT

D'UN TORPILLEUR

EFFECTUÉ DE TOULON A CHERBOURG

PAR LES CHEMINS DE FER

TRANSPORT

D'UN

TORPILLEUR

EFFECTUÉ DE TOULON A CHERBOURG

PAR

LES CHEMINS DE FER

PAR

M. PARTIOT

INSPECTEUR GÉNÉRAL DES PONTS ET CHAUSSÉES

PARIS

LIBRAIRIE POLYTECHNIQUE, BAUDRY ET Cie, ÉDITEURS

15, RUE DES SAINTS-PÈRES, 15

MAISON A LIÈGE, RUE DES DOMINICAINS, 7

1891

PRÉFACE

Les services que peuvent rendre les torpilleurs en temps de guerre, l'utilité de leur passage de la Manche à l'Océan ou à la Méditerranée, le temps enfin qu'exige le trajet par Gibraltar ont fait songer, dès leur invention, à les transporter par les voies ferrées; mais une opération de ce genre paraissait impossible. Ayant été pendant longtemps chargé de la construction de chemins de fer, j'ai reconnu que ce transport était réalisable, et j'ai cru devoir en prévenir M. le Ministre de la Marine.

Sur son invitation, j'ai entamé des négociations avec les compagnies de l'Ouest, d'Orléans et de Paris à la Méditerranée qui m'ont secondé de la façon la plus patriotique, et le transport d'un torpilleur de 33 mètres de longueur de Toulon à Cherbourg par l'Auvergne a été effectué, aux frais de la Marine, avec un succès complet.

L'étude des conditions que présentent les chemins de fer des grands réseaux français m'a conduit à reconnaître qu'il était possible d'y faire passer des bateaux de dimensions supérieures à celles du torpilleur soumis à l'épreuve, et d'augmenter la largeur des chargements admis jusqu'ici sur ces voies ferrées. Cet accroissement pourrait être plus grand encore si l'on y faisait de légères modifications, surtout dans la distribution des rails dans les lignes à deux voies, mais sans modifier la largeur de la plate-forme. On peut réduire ainsi l'importance relative du poids mort dans les trains de marchandises. L'expérience faite de Toulon à Cherbourg et les études qu'elle a motivées ont donc prouvé que les services rendus par les chemins de fer au commerce, à la guerre et à la marine sont encore susceptibles de s'étendre.

Il m'a paru nécessaire de faire connaître ces résultats, dont la publication a été approuvée par MM. les Ministres de la Marine et de la Guerre.

L. P.

TRANSPORT

D'UN TORPILLEUR

PAR LES CHEMINS DE FER

Si l'on jette les yeux sur la carte de la France et si l'on examine l'étendue de ses côtes, on aperçoit aisément que l'une des plus grandes difficultés de leur défense militaire tient à leur partage en deux grandes divisions par la péninsule Ibérique. L'impossibilité de s'y ravitailler si l'Espagne et le Portugal sont hostiles ou même neutres, la nécessité de franchir le détroit de Gibraltar, enfin la distance qui, par mer, sépare Bayonne de Port-Vendres sont des obstacles qu'il faut prévoir et qui ont toujours été l'objet des justes préoccupations des autorités maritimes.

L'invention des torpilleurs a donné un nouveau relief à ces considérations. Les dangers que courent ces petits navires durant les tempêtes et l'utilité d'un refuge, la difficulté de les approvisionner pour de longs trajets et leurs chances de destruction en présence de l'ennemi ont fait songer à les faire passer d'une mer à l'autre par l'intérieur de la France. Les premières recherches faites dans ce but se sont portées sur les rivières et les canaux, et un essai a été entrepris dans ce sens en 1885.

Passage par les canaux. — La Seine, l'Yonne, le canal de Bourgogne, la Saône et le Rhône forment une grande voie navigable entre la Manche et la Méditerranée. Sa profondeur normale n'est pas inférieure à 1^m,50 du Havre à Lyon, et ne descend pas en étiage à moins de 0^m,90 sur le Rhône. Les écluses ont au minimum une longueur utile de 38^m,50 et une largeur de 5^m,20, et la hauteur des ponts au-dessus des eaux navigables n'est pas de moins de 3 mètres. Par cette voie, l'on a fait passer un torpilleur de 33 mètres de long, le n° 68. Un flotteur fut placé sous l'arrière de ce bateau pour le soulever, des soufflages mobiles y furent ajoutés pour assurer sa stabilité. Les tuyaux des cheminées furent enlevés, et une surface démontable fut ajoutée au gouvernail pour en augmenter la longueur. Le torpilleur n° 68, parti du Havre le 3 mai 1885 et préparé lors de son passage à Saint-Denis, parvint sans encombre à Toulon le 29 du même mois, après 26 jours de route.

L'amélioration de l'Yonne et du Rhône peuvent faciliter ces transports, et dès à présent l'on peut compter partout sur une profondeur de 1^m,50 pendant 358 jours par an. La traversée est donc possible toutes les fois qu'elle n'est pas entravée par des sécheresses, des crues exceptionnelles ou des froids rigoureux. Néanmoins, il a été constaté que ce passage offrait de nombreuses difficultés, qu'il ne pouvait être ni certain, ni régulier, à cause des irrégularités du régime du Rhône, et qu'il ne faudrait recourir à cette voie qu'en cas de nécessité absolue. Depuis 1885, la marine a pris certaines dispositions pour faciliter le passage des torpilleurs par les canaux, les cheminées en particulier sont à rabattement, et les manches à vent sont munies d'un manchon mobile pour qu'au besoin aucune partie de ces bateaux ne soit élevée de plus de 3 mètres au-dessus de la flottaison. La traversée d'un torpilleur par canaux ne s'effectuerait donc plus dans les mêmes conditions que celle du torpilleur 68.

I

ÉTUDE D'UN TRANSPORT PAR VOIES FERRÉES

C'est vers la même époque, au mois d'août 1885, que j'eus l'occasion de visiter, à Boulogne, le torpilleur de 33 mètres portant le numéro 67. M. le lieutenant de vaisseau Auvert, qui le commandait, voulut bien me donner tous les renseignements que je lui demandai sur les dimensions et le poids de ce petit navire. Il me sembla possible de le faire transporter par les chemins de fer, et je me proposai d'en faire l'essai. L'exposé de cette étude, l'adoption du projet, sa réalisation par la marine et les conséquences que l'on en peut tirer me paraissent offrir assez d'intérêt pour qu'il y ait lieu de les faire connaître.

Mode de transport. — Les torpilleurs sont de longs bateaux fusiformes. Sur leur pont se trouvent des parties saillantes, telles que les cheminées, les manches à vent, la boussole, les garde-corps et le blockhaus du commandant, qui ne permettraient pas de passer sous les tunnels et sous les ponts construits au-dessus des chemins de fer. Il a donc fallu supposer tout d'abord l'enlèvement de ces parties du navire; la même difficulté s'est présentée pour les canaux. C'était donc le torpilleur dépouillé de ces parties saillantes qu'il s'agissait de considérer. Deux types de torpilleurs étaient alors surtout en usage : l'un de 33 mètres de long, l'autre de $40^m.75$; leur largeur au maître bau ne différant que de $0^m.010$, les calculs faits pour l'un pouvaient servir à l'autre. L'étude a été faite pour les deux, mais surtout pour celui de 33 mètres.

Les figures 1 à 5 indiquent la disposition des trucks et du système de chargement des bers qui ont servi à transporter le torpilleur n° 71 de Toulon à Cherbourg, par Thiers et Moulins.

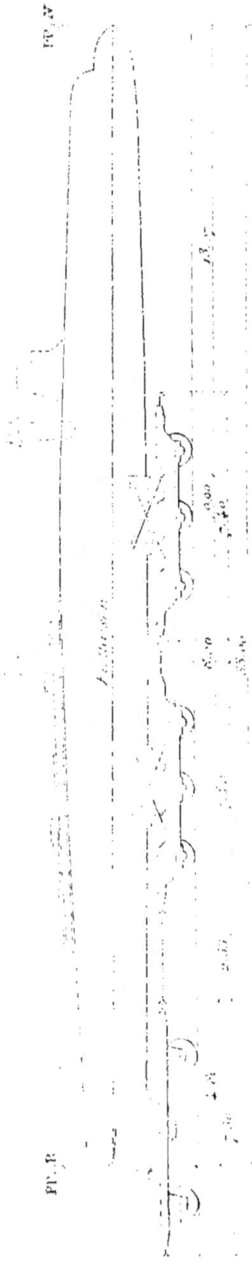

Fig. 1. — Ensemble du chargement.

Le bateau devant être porté par deux trucks et reposer sur chacun d'eux par un ber ou lisoir, on pouvait disposer de ce ber de façon à abaisser le torpilleur et conserver la plus grande partie possible des parties saillantes qui étaient sur le pont (fig. 1, 2 et 4). Le ber de chaque truck devait d'ailleurs être mobile et tourner autour d'un pivot vertical mis au centre du truck, afin que, dans les courbes, le truck pût suivre la voie en tournant sous le bateau et laisser à celui-ci sa rigidité et sa position sur ses appuis.

Chaque ber se compose de deux fermes reliées entre elles, et peut tourner en s'appuyant sur des pièces inférieures adaptées aux longerons. En supposant le truck muni de trois essieux, les pièces inférieures devaient reposer sur les longerons entre les roues, et l'on pouvait couder en ce point les longerons pour abaisser à la fois les bers et le bateau. Grâce à ce moyen, j'ai pu mettre la quille du torpilleur à $1^m,40$ seulement au-dessus du rail, et je pense qu'il serait peut-être possible de l'abaisser encore davantage. Quoi qu'il en soit, la hauteur du pont au-dessus de la quille étant de $2^m,64$, celle au-dessus du rail n'était que de $4^m,04$ et il était possible, soit de conserver les panneaux des machines ou d'autres installations de moins de $0^m,66$ de saillie, soit de passer sous d'anciens passages supérieurs voûtés de la Compagnie de l'Ouest qui ont $4^m,30$ de hauteur libre au-dessus du rail extérieur.

La principale difficulté tenait à la largeur du bateau qui dépassait celle des gabarits de chargement de toutes les Compagnies de chemins de fer; cette largeur était de $3^m,32$ hors

Coupe et élévation longitudinales d'un truck et du wagon spécial.

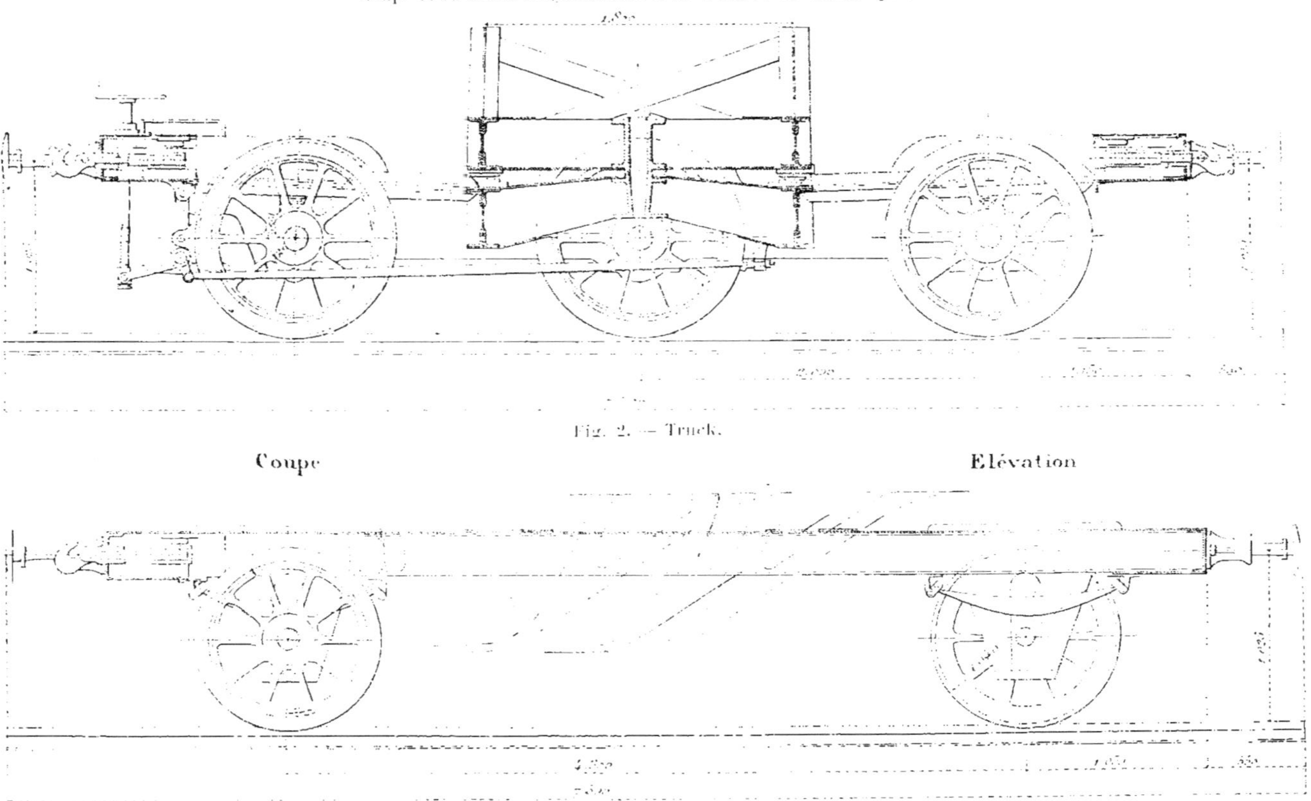

Fig. 2. — Truck.

Fig. 3. — Wagon spécial évidé.

tôles et de 3ᵐ,40 entre les angles supérieurs des cornières de ceinture (fig. 4). Cet inconvénient se trouvait accru dans les courbes par l'écartement du torpilleur de l'axe de la voie, tant au milieu qu'aux extrémités du bateau; il l'était surtout aussi par les effets du dévers de la voie.

Coupe transversale d'un truck.

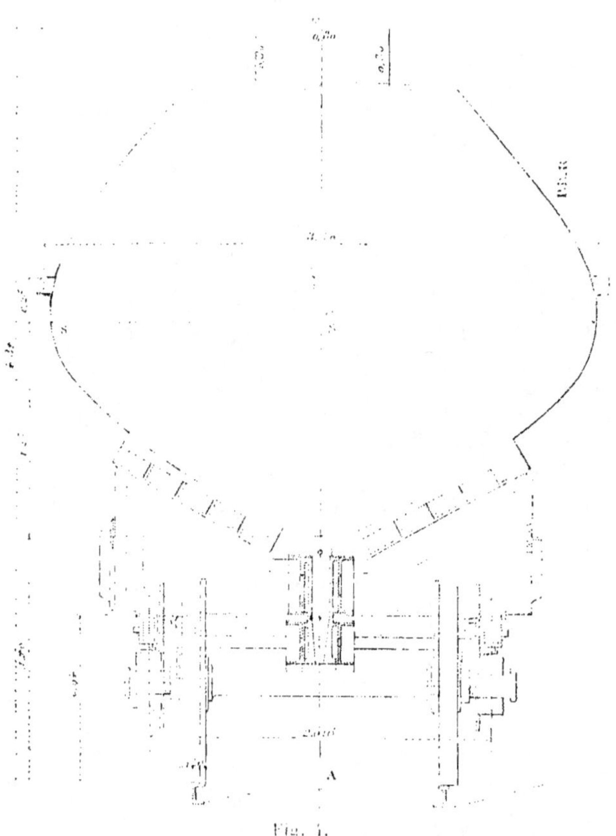

Fig. 4.

Effets des courbes. — En faisant d'abord abstraction de cette dernière difficulté qui est indépendante des deux premières, on voit que si les points C et D (fig. 6) représentent en plan les pivots mis au milieu des deux trucks et servant à la rotation des bers,

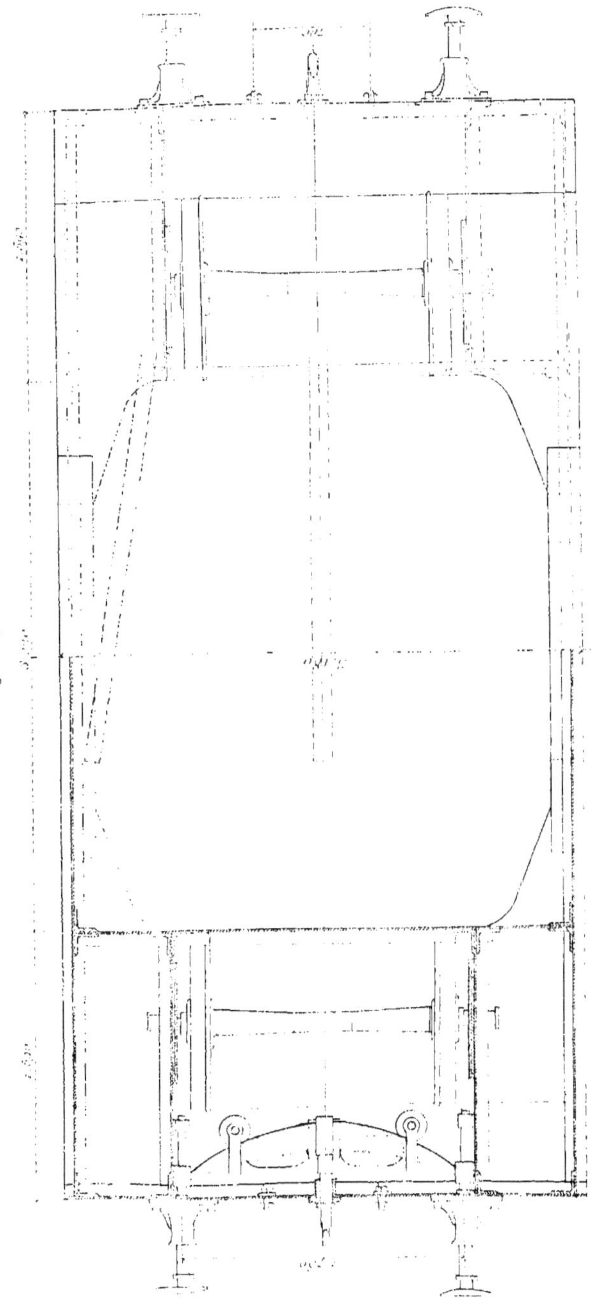

Plan du wagon spécial évidé.

Fig. 5.

l'écartement A B de la quille C D E du torpilleur sera d'autant plus marqué que la distance C D sera plus grande. Il importait donc de rapprocher autant que possible les trucks l'un de l'autre afin d'augmenter la distance du centre B du navire aux parois des

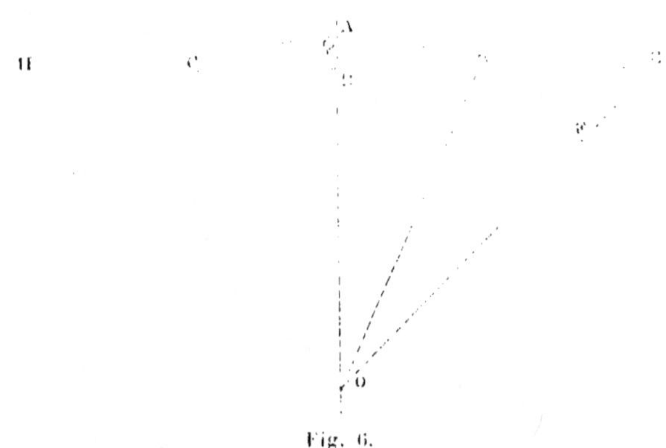

Fig. 6.

ouvrages d'art, mais le rapprochement des trucks était limité par la longueur des parties extrèmes C H et D E du bateau qui restent en encorbellement. Le calcul fait pour les cas où la distance des pivots des bers est de 8, 9 et 10 mètres a donné pour la flèche A B les quantités suivantes :

RAYON	FLÈCHES POUR CD		
	8^m	9^m	10^m
100^m	0,080	0,101	0,125
150	0,054	0,067	0,083
200	0,040	0,051	0,063
250	0,032	0,041	0,050
300	0,027	0,034	0,042
400	0,020	0,025	0,031
500	0,016	0,020	0,025

La distance des pivots C et D restant la même et les trucks étant disposés suivant la courbe, l'intervalle de ceux-ci varie au plus de la différence de longueur de la courbe et de la corde C D. Si celle-ci a 10 mètres, cette différence n'est que de $0^m,0065$ pour un rayon de 100 mètres et de $0^m,0007$ pour un rayon de 300 mètres; elle est donc facilement compensée par le mouvement des ressorts auxquels s'attachent les crochets d'attelage des deux trucks, et il n'y a pas à s'en occuper.

Les extrémités du torpilleur s'éloignent d'autant plus de l'axe du chemin de fer qu'ils sont plus longs, et que les porte-à-faux CH ou DE sont plus considérables et le rayon plus court. Si l'on calcule la distance EF, ou la saillie du bout du torpilleur sur l'axe du chemin de fer, dans le cas le plus défavorable, c'est-à-dire celui où l'intervalle des pivots ne serait que de 8 mètres et où la longueur du navire atteindrait 45 mètres, on trouve ce qui suit[1]:

$$
\begin{aligned}
&\text{Pour : } R = 100^m \quad EF\ 2,423 & &\text{pour : } R = 300^m \quad EF = 0,816 \\
&\qquad\ \ R = 150 \quad\ \ EF\ 1,613 & &\qquad\ \ R = 350 \quad EF = 0,695 \\
&\qquad\ \ R = 200 \quad\ \ EF\ 1,222 & &\qquad\ \ R = 400 \quad EF = 0,611 \\
&\qquad\ \ R = 250 \quad\ \ EF\ 0,979 & &\qquad\ \ R = 500 \quad EF = 0,490
\end{aligned}
$$

L'extrémité du torpilleur ne sortirait pas de l'entre-rail dans les courbes d'un rayon de 337 mètres et au-dessus, ni dans celles de plus de 160 mètres, de la zone occupée par les chargements d'une largeur de 3 mètres. Il n'y a donc à se préoccuper de la saillie de l'extrémité du bateau sur la voie que dans des cas exceptionnels.

Effets du dévers de la voie. — L'inclinaison transversale ou dévers de la voie dans les courbes produit un déplacement qui a beaucoup plus d'importance. Ce dévers s'obtient en laissant au rail intérieur son niveau normal et en relevant le rail extérieur de quantités variables. Les wagons qui passent sur le chemin de fer sont par suite inclinés vers le centre de la courbe; de ce côté, leurs parties saillantes se rapprochent des culées des passages inférieurs et des obstables qui bordent la voie, tandis que leurs sommets se relèvent vers les poutres métalliques ou les

---

[1] En faisant $AB = \rho$, $BD = x$, $BE = b$, $EF = \lambda$, l'on a $(R - \rho)^2 = R^2 - x^2$ et $(R - \rho)^2 = (R + \lambda)^2 - b^2$ d'où $2 R \lambda = b^2 - x^2 + \lambda^2$.

voûtes des ponts en dessus et des souterrains. La possibilité de faire passer des torpilleurs ou de gros chargements sur les chemins de fer en dépend essentiellement, et exige que les déplacements dus au dévers soient rigoureusement calculés.

Le premier effet du dévers est de soulever les wagons et de leur donner une inclinaison égale à celle de la voie. Si celle-ci,

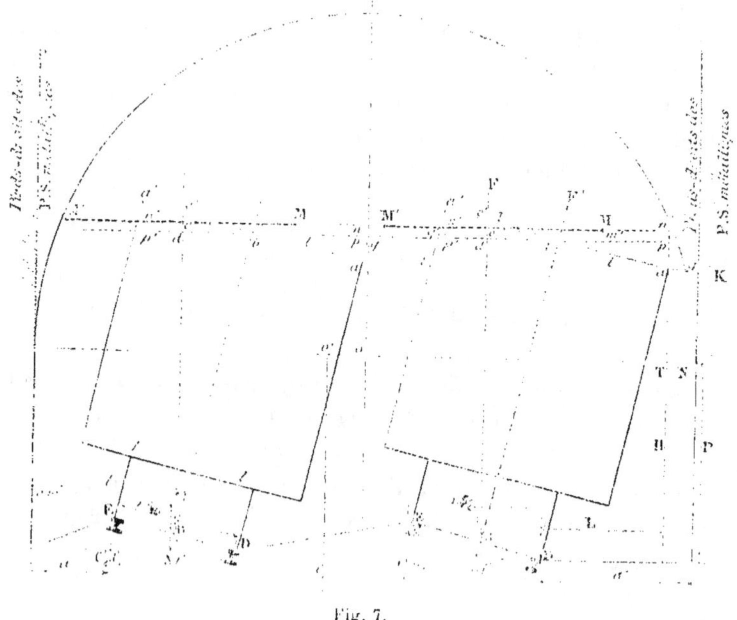

Fig. 7.

supposée horizontale, est en CD (fig. 7), son milieu A se reporte en B; il s'exhausse de la moitié du dévers Em, et se rapproche du centre de la courbe de Af. La distance normale de l'axe des deux rails étant de 1^m,51, on trouve, suivant la valeur du dévers Em, = d.

$$d = 0,15 \qquad Bf = 0,075 \qquad Af = 0,0037$$
$$d = 0,10 \qquad = 0,050 \qquad = 0,0017$$
$$d = 0,05 \qquad = 0,025 \qquad = 0,0005$$

Si l'on considère un point quelconque S (fig. 4) du chargement, ce point peut être défini, si l'on suppose la voie horizontale, en prenant la hauteur As de ce point au-dessus des rails et sa distance horizontale Ss à la verticale passant au milieu du wagon et de la voie.

Par l'effet du dévers, cette verticale, passant par le milieu A de la voie, tourne de manière à occuper la position BF' (fig. 7) : on peut admettre qu'elle opère ce mouvement en se relevant d'abord de A en B, c'est-à-dire de B*f*, puis en décrivant autour du point B un angle égal à celui CDE de la voie avec l'horizontale. Un point *c* placé à une hauteur *h* au-dessus du point B vient en *b*. Si les points MM' sont des points du chargement symétriques par rapport à son axe, le milieu *c* de la droite qui les réunira viendra en *b* et ses extrémités se placeront en *a* et *a'*. Calculons les distances horizontales *dp* et *dp'* auxquelles ces derniers points seront de la verticale BF et les quantités *a n* et *a' n'*, dont ils se seront abaissés ou élevés par rapport à l'horizontale M M'.

On trouve d'abord, en remarquant que DE = 1^m^,51, E*m* = *d* et B*b* = B*c* = *h*.

$$bd = \frac{d}{1,51}\,h$$

puis $Bd = \sqrt{h^2 - \overline{bd}^2}$ ou $Bd = h\sqrt{1 - \left(\frac{d}{1,51}\right)^2}$

L'on a ensuite $cd = h - Bd$ et en réduisant :

$$cd = h\left(1 - \sqrt{1 - \left(\frac{d}{1,51}\right)^2}\right)$$

La similitude des triangles B *b d* et des deux triangles égaux *a b p* et *a' b p'* donne, en faisant MM' = 2*l* :

$$ap = a'p' = \frac{d}{1,51}\,l$$

$$bp = b'p' = l\sqrt{1 - \left(\frac{d}{1,51}\right)^2}$$

$$an = ap + cd \quad \text{et} \quad a'n' = a'p' - cd$$
$$dp = bp + bd \quad \text{et} \quad dp' = bp' - bd$$

On remarquera que la hauteur du point M reporté en a, au-dessus du milieu B de la voie relevée, est de $h - a\,n$ par l'effet du dévers; celle du point M' est devenue de $h + a'\,n'$. Les déplacements horizontaux des deux mêmes points sont de $d\,p - c\,$M pour le point M et de $c\,$M'$\,- d\,p'$ pour le points M'. La projection $p\,p'$ de MM' est d'ailleurs plus courte que cette ligne et $d\,p'$ peut être négatif si le point M' passe de l'autre côté de la verticale BF, ce qui dépend des valeurs de B$\,d = h$ et de $c\,$M$\, = l$.

Nous donnerons dans le tableau suivant les valeurs des quantités $a\,n$, $d\,p$; $a'\,n'$, $d'\,p'$ pour divers cas que nous aurons à considérer dans le cours de ce travail; ils sont relatifs aux torpilleurs de 33 mètres, aux trucks ou bogies servant à leur transport et aux voitures ou wagons habituellement employés sur les chemins de de fer. La position de chaque point est déterminée par sa hauteur $h = B\,c$ au-dessus de la voie supposée horizontale, et sa distance $l = c\,$M ou $c\,$M' à la verticale BF. Nous considérons les trois cas ou le dévers d est de $0^m,15$, $0^m,10$ et de $0^m,05$.

Flexion des ressorts. — Si l'on examine la coupe de l'un des trucks (fig. 2 et 4), on voit que le torpilleur et les lisoirs qui le supportent reposent sur des ressorts. Dans les courbes, le centre de gravité du bateau ne correspondant plus au milieu de la voie, son poids agit sur les ressorts d'une manière inégale et produit une nouvelle inclinaison vers le centre de la courbe : on peut admettre que la flexion d'un ressort analogue à ceux qu'on emploie pour les tenders de locomotives soit de $0^m,009$ par tonne, ce qui permet de calculer le nouveau déplacement dû à cette cause.

Les torpilleurs de 33 mètres, allégés pour le transport, pèsent environ 40 tonnes. Ce poids, placé sur deux trucks à trois essieux, repose sur 12 ressorts. Chaque ressort porte ainsi en moyenne 3.333 kilogrammes. Il en résulte pour tout le chargement un abaissement de $0^m,030$. Mais, dans les courbes, les milieux M M' des ressorts (fig. 8 et 8 *bis*) se placent en $a\,a'$, l'intervalle $a\,a'$ se projette en $n\,n'$ et le poids se répartit entre eux en raison inverse des distances horizontales $n\,$R et $n'\,$R.

Dans les trucks qui ont servi au transport d'un torpilleur de

DÉPLACEMENTS, PAR SUITE DU DÉVERS DE LA VOIE, DE DIVERS POINTS DU TORPILLEUR, DES BOGIES ET DES WAGONS

DÉSIGNATIONS DES POINTS	H.	L.	DÉVERS DE 0.15				DÉVERS DE 0.10				DÉVERS DE 0.05				OBSER-VATIONS
			an	dp	a'd'	dp'	an	dp	a'd'	dp'	an	dp	a'd'	dp'	
TORPILLEUR DE 35ᵐ.															Pour les points si-tués [illegible]
Dessous de la quille	1,70	0,00	0,0963	0,1391			0,0631	0,0827			0,0008	0,0363			
Point le plus saillant de la coque	2,05	1,66	0,1780	1,9112	0,1418	1,7886	0,1138	1,8349	0,1068	1,1809	0,0061	1,7108	0,0663	1,5717	
Points les plus saillants des cor-nières de ceinture	2,90	1,70	0,1882	1,9797	0,1545	1,5012	0,1189	1,8883	0,1062	1,5012	0,0579	1,7804	0,0647	1,6059	
Angles supérieurs du panneau de la machine	1,31	0,30	0,0642	0,8291	0,0182	-0,0631	0,0363	0,0865	0,0170	0,1117	0,0156	0,5136	0,0149	0,2363	
Centre de gravité (supposé à 2,77 au-dessus du rail)	2,77	0,00		0,1751				0,1851				0,0917			
BOGIES POUR LE TRANSPORT DES TORPILLES.															
Centre de rotation des lisoirs lors de la flexion des ressorts	0,95	0,00	0,0047	0,0034			0,0020	0,0023			0,0006	0,0011			
Milieux des ressorts	0,95	1,098	0,1048	1,9364	0,0963	0,9636	0,0688	1,9680	0,0647	0,9763	0,0638	1,9286	0,0329	0,9763	
WAGONS ET VOITURES DIVERSES.															
Point le plus saillant de la cor-niche des voitures à couloirs du Midi	3,47	1,60	0,1761	1,9268	0,1118	1,2474	0,1136	1,8263	0,0982	1,3667	0,0549	1,7177	0,0641	1,4879	
TYPE ÉLARGI:															
Point le plus saillant du gabarit de chargement pour les che-mins de fer du type de 1842	3,50	1,6785	0,1841	2,0189	0,1195	1,3226	0,1189	1,9066	0,1035	1,4430	0,0675	1,7982	0,0637	1,5817	[illegible]
Même point pour les chemins de fer du type de 1857	3,50	1,8290	0,1989	2,1677	0,1643	1,1723	0,1288	2,0568	0,1134	1,5932	0,0625	1,9439	0,0687	1,7121	[illegible]

33 mètres, la distance qui sépare les ressorts M et M' est de 2^m,016, la hauteur B c de la ligne qui les joint est de 0^m,94 et celle du centre de gravité du bateau au-dessus du point B a été de 2^m,77.

Fig. 8.

On trouve que les projections horizontales $n\,n'$, les distances n R, n' R, et les poids π et π' appliqués en n et n' sont pour :

$d = 0,15$; $nn' = 2,0060$; $nR = 0,8213$; $n'R = 1,1847$; $\pi = 3,937^{kg},2$; $\pi' = 2729,^{kg}2$.

$d = 0,10$; $nn' = 2,0116$; $nR = 0,8846$; $n'R = 1,1270$; $\pi = 3,735^{kg},0$; $\pi' = 2931.^{kg}6$,

$d = 0,05$; $nn' = 2,0149$; $nR = 0,9468$; $n'R = 1,0680$; $\pi = 3,533^{kg},6$; $\pi' = 3132.^{kg}6$.

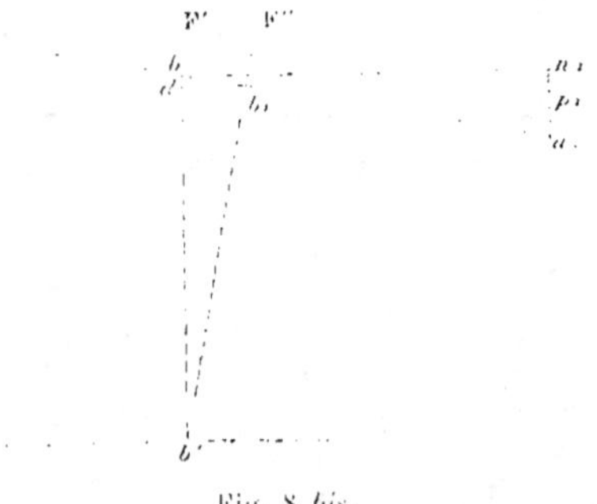

Fig. 8 bis.

La différence de poids $(\pi - \pi')$ donne à la ligne $n\,d'$ une nouvelle inclinaison en faisant pivoter cette ligne autour du point b' et déplace le chargement. Pour le torpilleur de 33 mètres on a évalué le déplacement qu'on peut avoir pour l'extrémité de l'aile supérieure des cornières de ceinture dans la section au maître bau située à $2^m,90$ au-dessus du rail et à $1^m,70$ de la verticale AF (fig. 4). Désignons par δ la différence de flexion des ressorts, par h la hauteur de l'angle de la cornière du côté de l'intérieur de la courbe au-dessus du centre de rotation b' du lisoir (fig. 8), $d'p'$, la distance déjà due aux dévers de $0^m,15$; $0^m,10$, et $0^m,05$ de la voie a_1 la position que prendra l'angle de la cornière par rapport à la ligne $b'F'$; la nouvelle inclinaison produite par la flexion des ressorts étant $\dfrac{\delta}{h\,n}$, nous trouvons les résultats suivants :

Pour :   On a :

$d = 0,15; h = 1,7768; d'p' = 1,9797,$ $\delta = 0,010872; a_1 n_1 = 0,0108; d_1 p_1 = 1,9893,$

$d = 0,10; h = 1,8111; d'p' = 1,8883;$ $\delta = 0,007236. a_1 n_1 = 0,0068; d_1 p_1 = 1,8949,$

$d = 0,05, h = 1,9021; d'p' = 1,7954;$ $\delta = 0,003610; a_1 n_1 = 0,0032; d_1 p_1 = 1,7954.$

L'abaissement, du côté intérieur de la courbe, dû à l'inégalité de flexion des ressorts étant $a_1 n_1$ l'abaissement total K dû à cette flexion devra être augmenté des 0,030 que nous avons trouvés ci-dessus pour la flexion de l'ensemble des ressorts. La quantité dont la même cause reportera l'angle de la cornière intérieure vers le centre de la courbe sera de $\Delta = d_1 p_1 - d'p'$. On a donc suivant les dévers d :

$$d = 0,15 ; K = 0,0408 ; \Delta = 0,0096$$
$$d = 0,10 ; K = 0,0368 ; \Delta = 0,0066$$
$$d = 0,05 ; K = 0,0332 ; \Delta = 0,0003.$$

La différence de flexion des ressorts dans les courbes produit en même temps un rapprochement Δ' de la cornière extérieure de l'axe de la voie et un relèvement K' de cette cornière, on obtient par un calcul analogue, pour :

$$d = 0,15 \quad K' = 0,0224 \quad \Delta' = 0,0115$$
$$d = 0,10 \quad K' = 0,0246 \quad \Delta' = 0,0074$$
$$d = 0,05 \quad K' = 0,0255 \quad \Delta' = 0,0036.$$

Il importait aussi de connaitre le déplacement du point du torpilleur qui serait le plus élevé au-dessus du rail et qui se rapprocherait des poutres ou des voûtes des ponts construits au-dessus des chemins de fer. Ce point est l'angle supérieur du panneau de la machine situé vers l'extérieur de la courbe. Le tableau de la page 19 donne son déplacement par suite du dévers de la voie évalué par les formules ci-dessus ; il convient de calculer aussi celui qui résulte de la flexion des ressorts

En tenant compte de l'abaissement produit par cette flexion en terrain horizontal lorsqu'on charge les trucks du poids du bateau que nous avons estimé ci-dessus être de $0^m,030$, on trouve pour l'abaissement total K' et le déplacement X' vers l'intérieur de la courbe dus aux ressorts les quantités suivantes :

$$\text{pour : } \quad d = 0,15 \quad K' \; 0,0302 \quad \text{et} \quad X' = 0,0185$$
$$d = 0,10 \quad K' \; 0,0296 \quad X' = 0,0123$$
$$d = 0,05 \quad K' \; 0,0295 \quad X' = 0,0061.$$

Calcul du déplacement total dû aux courbes. — L'on aura maintenant tous les éléments nécessaires pour calculer le déplacement d'un torpilleur, si l'on connaît l'intervalle des pivots des trucks et les dévers qui correspondent aux différents rayons des courbes des chemins de fer. Il a été admis que l'intervalle des pivots serait de 9 mètres et que les dévers de $0^m,15$, $0^m,10$ et $0^m,05$ étaient ceux usités pour des courbes de rayons de 300 mètres, 400 mètres et 500 mètres. L'on a déterminé ensuite, par rapport à la verticale passant par l'axe de la voie supposée horizontale et pour l'angle le plus saillant des cornières de ceinture au maître bau, l'écartement du côté intérieur de la courbe et le rapprochement de l'axe du côté extérieur de celle-ci. L'on a calculé aussi la hauteur de l'angle du panneau de la machine au-dessus du rail intérieur qui, dans les courbes, reste au même niveau qu'en ligne droite. Ces calculs sont donnés par les tableaux suivants :

1° Pour les déplacements horizontaux des cornières de ceinture :

	ÉCARTEMENT DE LA CORNIÈRE INTÉRIEURE			RAPPROCHEMENT DE LA CORNIÈRE EXTÉRIEURE		
	$d=0,15$	$d=0,10$	$d=0,05$	$d=0,15$	$d=0,10$	$d=0,05$
Déplacement dû à la flèche de l'axe de la courbe (e)	0,0340	0,0250	0,0200	0,0340	0,0250	0,0200
Déplacement dû au relèvement du milieu des deux rails $\Delta f'$	0,0037	0,0017	0,0005	0,0037	0,0017	0,0005
Déplacement horizontal dû à la flexion des ressorts Δ)	0,0096	0,0066	0,0003	0,0115	0,0074	0,0036
	0,0473	0,0333	0,0208	0,0492	0,0341	0,0241
Distances dp ou dp' calculées en raison du seul dévers de la voie	1,9797	1,8883	1,7951	1,4035	1,5042	1,6030
Distance totale à l'axe de la voie supposée horizontale	2,0270	1,9216	1,8159	1,3573	1,4701	1,6799
Demi largeur de la voie, rail compris $\left(\dfrac{1,57}{2}\right)$	0,7850	0,7850	0,7850	0,7850	0,7850	0,7850
Saillie totale en dehors du rail	1,2420	1,1366	1,0309	0,5793	0,6851	0,8949
Saillie primitive en terrain horizontal $\left(1,70 - \dfrac{1,57}{2}\right)$	0,9150	0,9150	0,9150	0,9150	0,9150	0,9150
Déplacement horizontal dû à la courbe et au dévers	0,3270	0,2216	0,1159	0,3357	0,3299	0,0201

2° Pour le relèvement de l'angle extérieur du panneau de la machine et sa hauteur au-dessus du rail situé vers le centre de la courbe, on trouve ce qui suit :

	$d=0,15$	$d=0,10$	$d=0,05$
Hauteur primitive au-dessus de la voie	4,3400	4,3400	4,3400
Relèvement du milieu des rails (Bf')	0,0750	0,0500	0,0250
Relèvement dû au seul dévers de la voie	0,1545	0,1062	0,0547
	4,5695	4,4962	4,4197
Abaissement dû à la flexion des ressorts	0,0302	0,0296	0,0295
Hauteur totale au-dessus du rail intérieur	4,5393	4,4666	4,3902
Hauteur primitive	4,3400	4,3400	4,3400
Relèvement dû à la courbe	0,1993	0,1266	0,0502

Ces chiffres ainsi déterminés, il fallait connaître les dimensions exactes des voies et des ouvrages d'art des chemins de fer pour savoir si un torpilleur pourrait y passer.

Principales conditions d'établissement des chemins de fer. — Les conditions à remplir pour la construction des premières grandes lignes de chemins de fer ont été définies par le cahier des charges joint à la loi du 11 juin 1842, portant concession de la ligne de Paris au Havre [1]. Les articles de 5 à 18 prescrivaient une largeur de 8^m,30 pour la plate-forme en remblai et de 7^m,40 en déblais dans les tranchées et les parties en rocher; la même largeur de 7^m,40 devait être observée entre les pieds droits des ponts en dessus. Les parapets des ponts en dessous et les parois des souterrains des banquettes de 0^m,50 devaient être ménagées au pied du ballast et l'entrevoie devait être de 1^m,80 entre les bords extérieurs des rails; il était admis que la distance de l'arête extérieure du chemin au bord extérieur du rail le plus voisin pouvait être réduit à 1^m,50 sur les levées et à 1 mètre dans les tranchées. Enfin, la hauteur sous clef des souterrains et les passages supérieurs voûtés ne devait être que de 5^m,50, et l'espace libre au-dessus du rail extérieur de 4^m,30 seulement.

Un certain nombre de lignes, et malheureusement les artères principales du réseau français, ont été faites sur ces dimensions. Mais on reconnut bientôt qu'elles étaient insuffisantes. La loi du 19 juin 1857 vint les augmenter, en sanctionnant la convention conclue le 11 avril 1857 entre l'État et la Compagnie du chemin de fer d'Orléans et le cahier des charges qu'on y avait annexé [2]. D'après les articles de 7 à 16 de ce cahier des charges, qui a servi sous ce rapport de modèle pour toutes les concessions faites depuis aux grandes Compagnies, les principales dimensions prescrites sont les suivantes :

Pour la voie, l'intervalle entre les bords intérieurs des rails doit être de 1^m,44 à 1^m,45, la largeur de l'entrevoie entre les bords extérieurs des rails de 2 mètres, et celle des accotements en dehors

---

[1] *Annales des ponts et chaussées.* Lois et Ordonnances, 1842, p. 272.
[2] *Annales des ponts et chaussées.* Lois et ordonnances, 1857, p. 335.

des rails de 1 mètre au moins. Une banquette de 0^m,50 de largeur doit être ménagée au pied du talus du ballast.

Pour les ponts à établir au-dessous des chemins de fer, pour le passage des routes, chemins ou cours d'eau, la largeur entre les parapets est fixée à 8 mètres pour chemins à deux voies, et à 4^m,50 pour ceux à une seule voie ; la hauteur des parapets ne peut être moindre que 0^m,80.

Pour les passages supérieurs au chemin de fer, l'ouverture du pont entre les culées doit être d'au moins 8 mètres pour les lignes à deux voies et de 4^m,50 pour celles à une voie. La distance verticale ménagée au-dessus des rails extérieurs de chaque voie pour le passage des trains ne doit pas être inférieure à 4^m,80.

La largeur entre les pieds-droits des souterrains est la même que celle des ponts en dessus, ainsi que la hauteur à ménager au-dessus du rail extérieur de chaque voie. La hauteur sous clef est de 6 mètres.

Les Compagnies ont généralement adopté une largeur normale de 1^m,45 entre les rails, afin d'avoir un peu plus de stabilité pour leur matériel roulant. La largeur des rails est de 0^m,06. La hauteur de 6 mètres sous clef dans les souterrains donne, en conséquence, une hauteur libre au-dessus du bord extérieur des rails en alignement droit, de 5^m,065 pour les lignes à deux voies et de 5^m,859 pour celles à une voie. Les clauses relatives à la hauteur de 6 mètres sous clef et de 4^m,80 au-dessus du rail extérieur ne sont donc pas contradictoires ; elles ne pourraient l'être sur les lignes à deux voies que si le dévers produisait au-dessus du rail extérieur un relèvement de plus de 0.265 dans les chargements faits sur le gabarit adopté par la Compagnie.

Distance entre le torpilleur et les ouvrages d'art. — Les dimensions données par les cahiers des charges de 1857 font voir que la distance normale du bord extérieur des rails aux parapets des ponts et aux pieds-droits des souterrains et des ouvrages d'art est de 1^m,43 pour les lignes à deux voies et de 1^m,465 pour celles à une voie, quand la voie de fer est bien au milieu de la plate-forme. Si l'on se reporte aux chiffres calculés ci-dessus pour l'angle le plus saillant des cornières de ceinture d'un torpilleur de 33 mètres, on trouve que, dans les courbes, du côté de leur centre et suivant le rayon de celles-ci et le dévers d, cet angle sera aux distances suivantes des mêmes obstacles.

	CHEMINS DE FER A	
	DEUX VOIES	UNE VOIE
Pour $d = 0,15$	0,188	0,223
$d = 0,10$	0,293	0,328
$d = 0,05$	0,399	0,434

Sous les tunnels et les passages supérieurs voûtés à deux voies, lorsque la section de l'ouvrage est en plein cintre et répond aux conditions de 1857, les pieds-droits n'ont que 2 mètres. La cornière de ceinture du torpilleur est au-dessus des naissances. Le surplomb de la voûte la rapproche de la cornière, mais on trouve que la hauteur h de celle-ci au-dessus du rail intérieur et l'intervalle e qui la sépare de la voûte sont ce qui suit :

$$d = 0,15 \quad h = 2,7351 \quad e = 0,1160 \quad i = 0,2607$$
$$d = 0,10 \quad h = 2,7977 \quad e = 0,2130 \quad i = 0,3334$$
$$d = 0,05 \quad h = 2,8356 \quad e = 0,3109 \quad i = 0,4098.$$

Le relèvement de l'angle extérieur du panneau de la machine laisserait libres dans le passage sous les poutres des passages supérieurs métalliques, les hauteurs que nous désignons ci-dessus par la lettre i.

Il importait aussi de savoir si le torpilleur pourrait croiser des trains en route. Dans les courbes, les deux voies sont inclinées dans le même sens, de telle sorte que l'intervalle qui existe en ligne droite et sans dévers tend à se conserver. En supposant que l'entrevoie soit de 2 mètres et en prenant les distances des deux chargements suivant une perpendiculaire qt à l'axe déversé BF' (fig. 7) des deux chargements, le calcul indique que leurs distances seraient, suivant le dévers d et la position relative des wagons ordi-

naires et du torpilleur, celles qui sont données par le tableau suivant :

	$d = 0,15$	$d = 0,10$	$d = 0,05$	$d = 0,00$
En supposant le torpilleur sur la voie extérieure.	0,3459	0,3140	0,2873	0,2700
En le supposant sur la voie intérieure vers le centre de la courbe. . . .	0,2284	0,2387	0,2487	0,2700

On voit que le croisement des chargements de 3ᵐ,20 de large
était facile sur les lignes du type de 1857 à entrevoie de 2 mètres,
mais que sur celles à entrevoie de 1ᵐ,80, elle n'était possible qu'à
la condition de ne rencontrer que des chargements faits sur un
gabarit de 3 mètres.

Sur les lignes du type de 1842 à entrevoie de moins de 2 mètres,
on pouvait néanmoins faire passer aisément un torpilleur, à la
condition de régler la marche des trains de manière à éviter un
croisement en route ou de ne rencontrer que des chargements de
3 mètres de largeur au plus.

Les calculs faisaient donc connaître que le torpilleur pourrait
passer librement sur les chemins de fer construits suivant les cahiers des charges de 1857 et, depuis, sur tous les grands réseaux
français. On pouvait d'ailleurs trouver un itinéraire qui évitait
les ouvrages d'art trop étroits du type de 1842.

II

TRANSPORT DU TORPILLEUR Nᵒ 71 DE TOULON A CHERBOURG

La possibilité de faire passer les torpilleurs sur les chemins de
fer étant ainsi constatée, j'ai cru devoir le faire connaître au directeur du matériel au ministère de la marine et le prévenir que, si
le ministre jugeait utile de se servir de ce moyen de transport, je
me mettrais à sa disposition pour en faire l'essai. M. l'amiral Aube,

alors ministre, dit au directeur de m'inviter à poursuivre cette affaire, et d'étudier le transport d'un torpilleur de 33 mètres de Cherbourg à Toulon. Je transmis alors officiellement, le 20 novembre 1885, le dossier de mes premières études à M. le ministre des travaux publics, qui le transmit à son collègue.

Je trouvai, auprès de MM. les directeurs des Compagnies de l'Ouest, d'Orléans et de Paris à Lyon et à la Méditerranée et de leur personnel, l'accueil le plus bienveillant pour l'œuvre difficile qu'il s'agissait d'entreprendre dans l'intérêt de la défense du pays. Bien des questions restaient encore, en effet, à résoudre : elles donnèrent lieu à de nouvelles études et à de longues négociations.

La marine avait d'abord à examiner si un torpilleur posé sur deux trucks, dont les extrémités devaient former une saillie de 11m.40 sur les bers et dont les tôles n'avaient qu'une très faible épaisseur aurait une résistance suffisante pour se maintenir dans cette position, et pour subir les trépidations du transport sans se déformer, ni surtout sans se rompre. L'étude faite par MM. les ingénieurs de la marine fit voir que les tôles n'auraient à supporter, après le chargement, qu'un effort sensiblement inférieur à la limite de leur résistance. Toutefois l'expérience pouvait seule prononcer définitivement sur les dangers des oscillations qui devaient se produire en cours de route.

Les calculs relatifs aux chemins de fer étaient faits dans l'hypothèse d'une circulation sur des lignes construites dans les conditions des cahiers des charges de 1857, ou bien sur des lignes plus anciennes mais ne présentant que la circonstance favorable d'une voie sans dévers sensible au passage des ouvrages étroits. Il fallait donc d'abord chercher un itinéraire convenable. Cette étude fut faite par les Compagnies. On choisit de préférence les chemins à une voie, parce que le trajet devait s'y faire sans croisements et que la largeur du gabarit n'était pas limitée par la demi-largeur, trop faible, de l'entrevoie.

De plus, l'entretien de la voie amène parfois son relèvement lors du bourrage des traverses, quand la hauteur normale des rails n'est pas indiquée par des repères placés sur les ouvrages d'art, et l'espace libre sous ces ouvrages peut ainsi diminuer. Enfin, dans les courbes, la voie tend à être déplacée par le passage des

trains rapides, et elle peut se rapprocher des obstacles qui sont
sur les côtés du chemin de fer. Pour s'assurer de la possibilité du
passage du torpilleur et connaître les travaux nécessaires pour
l'assurer, les Compagnies firent passer sur l'itinéraire qu'elles
avaient arrêté un gabarit représentant les parties les plus saillantes
de la coupe du navire au maître bau. Ce gabarit (fig. 9) consis-
tait en un bâti en planches fixé derrière un fourgon et bordé
d'une double frange de lamelles de plomb de $0^m,10$ et de $0^m,05$ de

Fig. 9.

longueur. La rencontre des parois des ouvrages d'art ou des obstacles de tout genre devait se manifester par la rupture du gabarit
ou la flexion des plus courtes ou des plus longues lamelles. Ces
essais furent parfois répétés à deux reprises, et ils donnèrent des
résultats favorables. Les travaux à exécuter, même sur la vieille
ligne de Mézidon au Mans, furent de très peu d'importance.

La manière dont le torpilleur pouvait être placé sur ses trucks
pouvait amener des accidents regrettables, soit pour ce bateau,
soit pour les chemins de fer : les Compagnies stipulèrent que les
suites en seraient à la charge de la marine, qui s'engagea à faire
accompagner le train par des agents capables de vérifier le chargement en cours de route et de le remettre en place au besoin.

Le transport dut se faire par un train spécial. La vitesse en marche fut limitée à 25 kilomètres en ligne droite et à 30 kilomètres au plus en cas de retard ; les croisements dans les gares ne devaient se faire qu'à la vitesse d'un homme marchant au pas.

Le prix du transport fut fixé à 0 fr. 25 par tonne et par kilomètre, plus 0 fr. 40 par tonne pour droits de transmission, avec minimum de 5 francs par kilomètre parcouru par le train spécial.

Ces diverses conditions étant arrêtées avec les Compagnies, M. le ministre de la marine traita, le 12 avril 1887, avec la société du Creusot pour l'exécution des trucks.

Le matériel commandé se composa de deux bogies à trois essieux chacun, de deux lisoirs ou bers porte-torpilleurs à placer sur ces bogies, d'un wagon spécial évidé pour recevoir la crosse de l'étambot du torpilleur et de deux flèches d'attelage. Les ingénieurs du Creusot firent, sous la direction de ceux de la marine, une nouvelle étude des trucks. Ils avaient été projetés en bois et en fer : des lisoirs en bois devaient tourner sur des arcs de cercle en fer posés sur le plancher du truck, comme les supports des bois de charpente portés sur chemins de fer. Les trucks et les lisoirs définitifs furent projetés entièrement en métal (fig. 2 et 4) : l'angle que pouvait décrire le lisoir étant fort petit, les arcs de cercle en fer furent remplacés par quatre supports elliptiques en bronze comprenant une portion des mêmes arcs de cercle ; le lisoir reposa sur la bogie par des portions de sphère de même métal glissant sur la surface huilée de ces supports. Le principe de l'abaissement des longerons des trucks entre les essieux pour diminuer la hauteur du torpilleur sur rails fut conservé, ainsi que les essieux de tenders pour les roues. Les coussinets de l'un des essieux extrêmes fut muni de boîtes radiales à plans inclinés pour faciliter les passages dans les courbes à petit rayon. Le torpilleur devait reposer sur les lisoirs par l'intermédiaire de fourrures en en bois et paliers en cordages suifés. Ces trucks ont été faits pour porter chacun 20 tonnes, et ont été livrés et essayés comme tels ; mais, plus tard, à la suite d'études faites par la Compagnie de Paris à Lyon et à la Méditerranée en 1888, il fut reconnu qu'ils pouvaient porter sans inconvénient jusqu'à 25 tonnes.

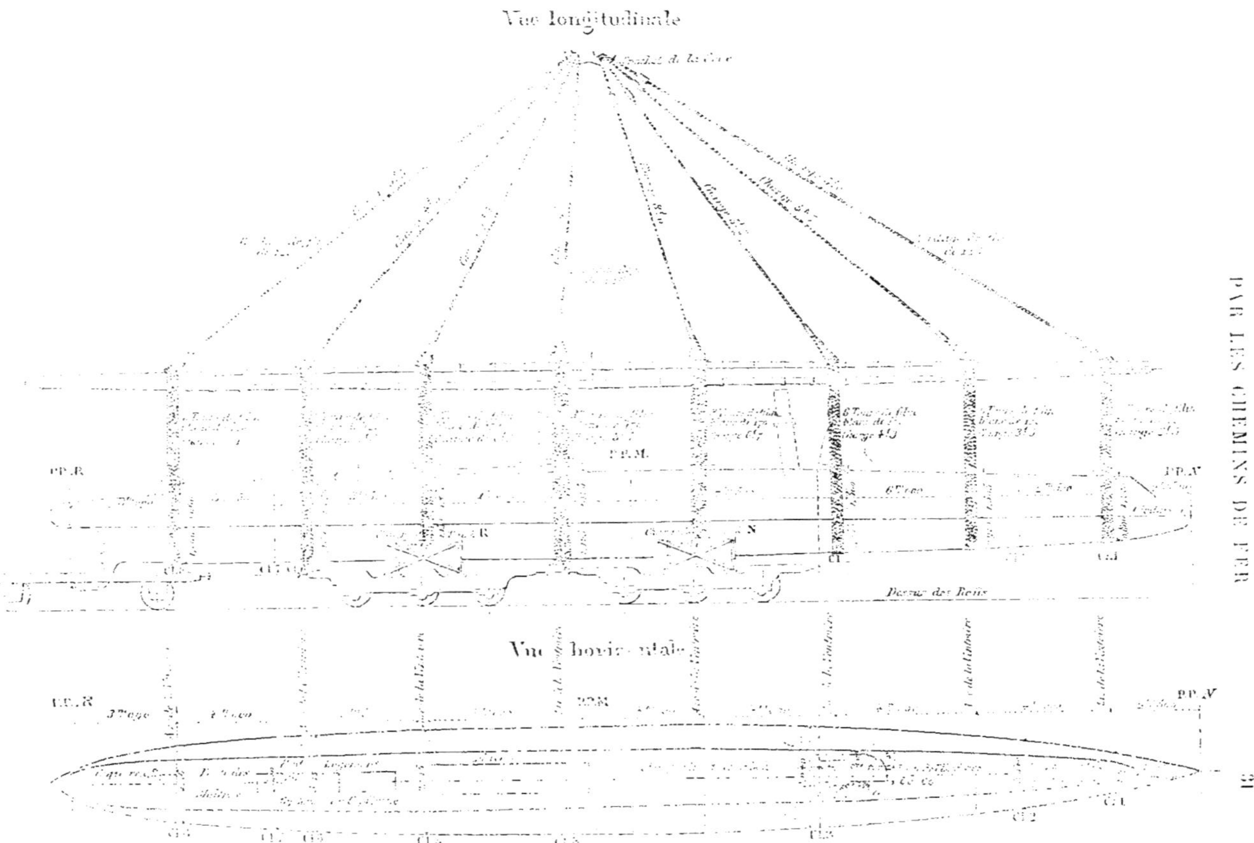

Fig. 16. — Mise du torpilleur sur les trucks.

L'étude de l'aménagement du torpilleur pour le transport avait fait voir qu'il était essentiel de conserver la crosse qui supporte, à l'arrière, le bas du gouvernail et qui entoure l'hélice ; cette pièce ne peut être déplacée sans nuire à sa solidité. Il en résultait la nécessité de faire un wagon spécial, composé d'un cadre évidé porté sur roues, et dans lequel la crosse de l'étambot pourrait se mouvoir dans les courbes. Ce wagon spécial, dont j'ai fourni le croquis, fut étudié définitivement par le Creusot (fig. 3 et 5).

Les projets de ce matériel furent approuvés par le ministre de la marine, après avoir été contrôlés par les ingénieurs de la marine et m'avoir été communiqués. J'ai consulté moi-même M. l'inspecteur général Ricour, qui a bien voulu me prêter dans toute cette affaire le concours de sa compétence.

La dépense de ce matériel fut de 32.300 francs, mais il restait la propriété de l'État et devait servir aux transports du même genre que l'on comptait faire à l'avenir.

MM. les ingénieurs de la marine étudièrent en même temps les moyens de chargement des torpilleurs sur ce nouveau matériel. Ils s'arrêtèrent à celui que représentent les figures de 10 à 12 et qui a été employé à Toulon. Le bateau, consolidé intérieurement par des croix de Saint-André, a été entouré de huit saisines ou ceintures en cordages dont la partie supérieure passait sur une basse vergue de vaisseau mise parallèlement à l'axe du torpilleur. Cette vergue était reliée par huit balancines en fil de fer aux crochets d'une grue hydraulique. Des entretoises horizontales, mises au-dessus du bateau dans chaque ceinture, empêchaient les deux côtés de celle-ci de se rapprocher et de serrer le torpilleur. Le même système fut employé à Cherbourg pour la mise à l'eau, mais le nombre des balancines fut réduit à six. La marine possédait d'ailleurs à Cherbourg et à Toulon les bigues ou les grues nécessaires pour soulever le petit bâtiment, et tous les appareils nécessaires au levage.

Tout étant ainsi préparé, M. le ministre de la marine eut à désigner le torpilleur qui serait l'objet du transport que l'on voulait faire de Cherbourg à Toulon ; mais il ne s'en trouvait pas un de 33 mètres à Cherbourg à ce moment, et il fut décidé que le transport se ferait en sens inverse, c'est-à-dire de Toulon à Cherbourg. Le torpilleur de 33 mètres n° 71, construit au Havre par M. Normand et commandé par M. le lieutenant de vaisseau Baëhmes, fut choisi pour être transporté par les voies ferrées.

Le matériel construit au Creusot fut envoyé à Toulon, et la mise

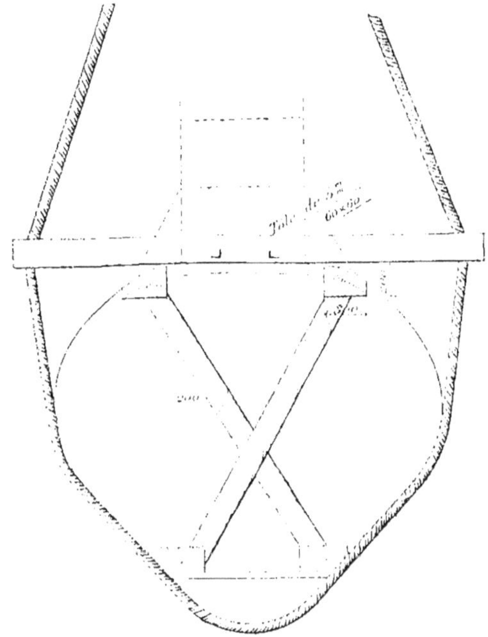

Fig. 11. — Dans la tranche d'élingage le torpilleur est consolidé intérieurement par une croix de Saint-André en cabrillons de 20 × 20 centimètres. Cette consolidation n'existe qu'à cette position.

sur trucks fut faite sans difficulté, le 43 juillet 1887. La vergue, suspendue à une grue hydraulique de 160 tonnes, fut descendue à portée du torpilleur. Chaque ceinture fut composée d'une corde passant huit fois sur la vergue et sous le navire et passée sous le bateau par deux scaphandriers. Ces ceintures correspondaient presque toutes à des cloisons étanches. L'enlèvement du torpilleur et la mise sur trucks se fit sans accident.

Afin de s'assurer que les extrémités du porte-à-faux ne fléchiraient pas, et en tout cas pour connaître les limites des déformations qui pourraient se produire, on laissa le torpilleur pendant quarante heures simplement posé sur ses bers et sans autre point d'appui. L'on constata, au bout de ce laps de temps, que le bateau ne présentait aucune trace de fatigue.

La Compagnie des chemins de fer de Paris à Lyon et à la Médi-

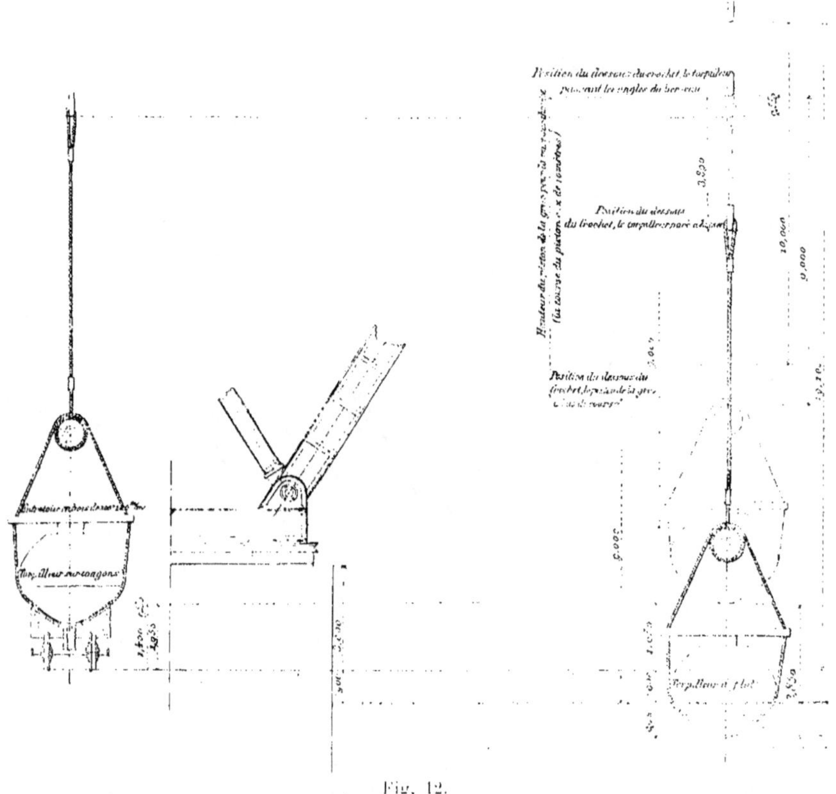

Fig. 12.

terranée qui avait à vérifier le chargement, remarqua que le centre de gravité du navire, n'étant pas au milieu de sa longueur, ne se trouvait pas à égale distance des deux trucks, et que les poids portés par chacun d'eux n'étaient pas pareils. L'un des trucks portait 41 tonnes, mais l'autre 27 tonnes, ce qui faisait 12.3 tonnes par essieu pour ce truck, y compris son poids propre et celui du l'soir. Pour égaliser les charges et ramener celle de l'un des trucks à 20 tonnes, maximum inscrit par la société du Creusot sur le longeron du truck, on dut reporter le torpilleur de 1^m,79 vers l'avant. Le porte-à-faux de l'avant devint, en fait, de 13^m,07.

Le changement de sens de l'itinéraire engagea la Compagnie de Paris à Lyon et à la Méditerranée à faire de nouveau passer un gabarit sur le trajet adopté pour le torpilleur. Cette expérience confirma les résultats acquis.

Enfin, le service de la marine fit élargir la porte d'entrée de l'arsenal de Cherbourg, percer un mur intérieur, et modifier la voie au delà de ce mur afin de préparer au train une courbe de 140 mètres de rayon.

Un premier transport fut tenté le 16 juillet 1887, entre l'arsenal et l'école de pyrotechnie de Toulon. Les courbes à petit rayon entourant le bassin furent franchies avec succès, et le retour par refoulement se fit sans difficulté.

Le 3 août suivant, un voyage fut fait comme essai préliminaire entre Toulon et La Ciotat, points distants d'environ 30 kilomètres. Le train, conduit d'abord de l'arsenal à la Seyne, fit le tour du bassin en suivant des courbes de 150 mètres de rayon, puis se dirigea vers La Ciotat et rentra sans encombre à Toulon. Pendant ce voyage, il fut accompagné par l'état-major militaire de ce port. La tenue du torpilleur avait été parfaite, et les oscillations subies n'avaient pas causé le moindre dommage. L'un des essieux des trucks avait chauffé fortement en route, mais ce fait se produit très souvent quand on emploie pour la première fois un matériel neuf et fortement chargé. Le train spécial croisa en marche un autre train, sans inconvénient. L'expérience avait parfaitement réussi au point de vue technique. Malheureusement, un accident grave se produisit en allant de l'arsenal à la Seyne : le maître de timonerie Bonnemain, qui était debout sur le torpilleur, fut jeté sur la voie par des fils télégraphiques, eut le pied droit broyé par l'une des roues du wagon évidé et dut subir l'amputation de la jambe.

L'itinéraire à suivre pour aller de Toulon à Cherbourg avait été étudié par les Compagnies, qui s'étaient mises d'accord pour la marche du train sur leurs réseaux. Le trajet choisi passait par Marseille, Tarascon, Remoulin, Pont-Saint-Esprit, Peyraud, Firminy, Montbrison, Thiers et Moulins, sur le réseau P.-L.-M. ;

Montluçon, Vierzon, Tours, Le Mans, sur celui d'Orléans ; Mézidon et Caen sur celui de l'Ouest ; la distance à parcourir était de 1.365 kilomètres. La marche du train, comptée à 25 kilomètres à l'heure au maximum, fut étudiée dans deux hypothèses : la première supposait qu'il n'y aurait pas d'arrêt, ce qui nécessitait l'établissement d'un service de surveillance de nuit sur certaines parties des chemins de fer. Le départ de Toulon était fixé à 6 h. 30 minutes du matin du premier jour, l'arrivée à Cherbourg le troisième jour à 7 h. 45 minutes du soir et la durée du trajet à 61 h. 15 minutes. La seconde marche prévoyait que le train s'arrêterait chaque soir et ne voyagerait pas la nuit ; le départ de Toulon était également indiqué pour le premier jour à 6 h. 30 minutes du matin, mais on n'arrivait que le septième jour à 7 h. 54 du soir à Cherbourg, après un voyage de 157 h. 24 minutes. Bien que la durée du trajet fût augmentée de 96 h. 9 minutes ou de quatre jours, la marine préféra le second itinéraire en raison des soins à prendre pour un premier essai, des constatations à faire en cours de route et de l'économie du service de nuit. Disons aussi que si les compagnies de Lyon et d'Orléans avaient d'abord admis le croisement en cours de route sur les lignes à deux voies, la Compagnie de l'Ouest dont les ouvrages d'art étaient plus étroits s'y était refusée. Il avait été entendu, en définitive avec toutes les compagnies que le service des trains de voyageurs ne serait pas modifié, que le train spécial du torpilleur attendrait leur passage et qu'il ferait au contraire attendre dans les gares les trains de marchandises.

La circulation du train porte-torpilleur sur les réseaux de Lyon, d'Orléans et de l'Ouest exigeait une autorisation spéciale du ministre des travaux publics. Le ministre de la marine en fit la demande, et sur le vu de l'accord entre les trois Compagnies, MM. les inspecteurs généraux directeurs des contrôles de l'exploitation donnèrent un avis favorable. Leur unanimité permit de ne pas soumettre l'affaire au Comité technique des chemins de fer, et l'autorisation fut accordée le 20 août 1887.

Une nouvelle vérification des ouvrages d'art de la ligne du Mans à Mézidon engagea la Compagnie de l'Ouest à demander, le 16 août 1887, l'enlèvement des ceintures et du panneau de la machine du torpilleur 71. Les lames de plomb formant la frange d'un gabarit avaient touché la voûte de 14 ouvrages d'art, et la planche représentant le panneau de la machine avait effleuré les poutres de 6 autres et avait été brisée. Les lames latérales avaient touché certains chargements et même les lanternes des trains croiseurs. Le travail réclamé fut exécuté, mais il causa d'assez grandes difficultés, surtout en ce qui concernait les cornières des ceintures : ces cornières étaient rivées à des pièces essentielles de l'intérieur du bateau qu'il fallut détacher, ce qui entraîna un travail considérable, spécialement pour le déplacement des caisses à eau.

Enfin, à Toulon, un gabarit de chargement en planches, du même genre que ceux usités sur les chemins de fer, fut installé dans l'arsenal et permit de constater que le train pouvait passer sans accident.

La composition définitive du train comprit une machine et son tender, le fourgon du chef de train, un vagon de matériel, une voiture C et une A B, à coupé, pour le personnel ; deux vagons plates-formes sans rebords servaient de wagons tamponneurs sous l'avant du bateau ; ils étaient attelés aux deux trucks et au wagon spécial, évidé pour la crosse du torpilleur. Celui-ci était suivi d'un second wagon de matériel et d'un fourgon vigie. Du coupé, l'on pouvait surveiller tous les mouvements du torpilleur, et spécialement les oscillations de son extrémité en porte-à-faux. Les wagons de matériel contenaient l'un, l'armement du bateau, l'autre, le kiosque, les cheminées et les parties du torpilleur démontées pour le transport.

Tout étant ainsi préparé et l'essai de transport ayant été fait sur La Ciotat, le train partit de Toulon pour Cherbourg le 27 août à 6 h. 42 minutes du matin. Une décision de M. le ministre de la marine du 7 juin précédent m'avait chargé d'accompagner le torpilleur sur son parcours, et m'avait alloué une indemnité de route et des frais de séjour pour cette mission. Prévenu trop tard du départ du train, je le rejoignis à Moulins dans la matinée du 30 août. Pendant le trajet, chaque Compagnie le fit accompagner par un chef de section de la voie, un inspecteur de l'exploitation et un agent de la traction. L'équipage a couché dans les wagons, et pendant les arrêts de la nuit les porte-à-faux ont été évités au moyen d'épontilles mises sous la quille auprès de l'étrave et sur le truck évidé. Aucun accident sérieux ne s'est produit en route: quelques essieux des trucks ont chauffé, un seul fortement, mais non de manière à arrêter le transport, ni même à causer des retards dans la marche du train. On a refroidi l'essieu surchauffé en mettant dans la boîte à graisse un mélange d'huile et de fleur de soufre. L'amplitude des oscillations de l'extrémité du porte-à-faux de l'avant n'a pas paru dépasser de 10 à 15 centimètres. Entre Tours et Le Mans, le service de l'entretien des chemins de fer d'Orléans avait fait abaisser la voie d'une manière assez sensible, sans que ce petit travail eût amené de difficultés. Les déplacements de disques et autres menus ouvrages qui avaient été reconnus nécessaires avaient été faits partout.

A partir du Mans, deux lamelles en plomb occupant la place des cornières des ceintures du torpilleur au maître bau purent passer partout sans toucher les ouvrages d'art ; le bois de ces ceintures pouvant s'enlever pour ces voyages, il était important de constater la possibilité de maintenir les cornières dont le démontage et la remise en place ont exigé un travail considérable.

Il fut, en outre, reconnu que la voie de fer pouvait admettre des largeurs supérieures à celle du torpilleur de 33 mètres. Entre Dissay et Le Mans et entre Carentan et Cherbourg, la vitesse a atteint, sans inconvénient, 35 et même 40 kilomètres à l'heure.

Durant le trajet, le train avait fait des étapes à Pont-Saint-Esprit, Firminy, Moulins, Saint-Amand, Tours et Argentan. Le torpilleur avait traversé la chaîne des montagnes de l'Auvergne. Partout les populations s'empressèrent de venir voir le navire de guerre, d'invention encore récente, qui traversait la France en chemin de fer. Ceux qui l'ont accompagné dans ce voyage ne peuvent oublier l'intérêt et la curiosité dont il a été partout l'objet.

Le train-torpilleur arriva en gare de Cherbourg le 2 septembre 1887, à 7 h. 50 minutes du soir.

Le 3 septembre au matin, le train, qui était resté près de la gare sur une voie spéciale, fut introduit dans l'arsenal à Cherbourg où tout était prêt pour sa mise à l'eau. Mais les trous des rivets des ceintures ne permettaient pas de procéder immédiatement à cette opération. On constata seulement que la coque n'avait subi aucune altération pendant le voyage.

L'on s'occupa de suite de son réarmement, mais la remise en place des ceintures et des panneaux exigea beaucoup de temps, et la mise à l'eau ne put se faire que le 12 septembre. Elle eut lieu par les mêmes procédés que sa mise sur les trucks. La commission, qui fut chargée d'examiner le torpilleur et d'assister à ses essais, constata qu'il n'avait rien perdu de sa vitesse, et que sa coque, sa chaudière, sa machine et son appareil militaire n'avaient nullement souffert du transport par voies ferrées. Les torpilles seules avaient cessé d'être réglées, mais cet inconvénient n'était pas grave, et le bateau pouvait recevoir à son arrivée des torpilles toutes prêtes ; on doit remarquer que celles dont il s'agit étaient venues de Toulon dans des caisses placées dans l'un des fourgons du train ; le fait ne dépendait donc pas des mouvements du torpilleur pendant le voyage.

Les travaux préparatoires à un transport de ce genre ont été évalués à 600 francs par bateau au départ et autant à l'arrivée. Il a été payé 13.571 francs aux Compagnies. La somme qu'elles ont touchée est à peu près égale à leurs débours.

La durée de la préparation du bateau, de son transport et de son réarmement a été de 20 jours, en raison des difficultés offertes par l'enlèvement des panneaux et surtout des cornières de ceinture. Il serait possible de diminuer notablement ce délai moyennant le maintien des cornières, des ceintures et du panneau des machines, et quelques modifications faciles dans les chandeliers des garde-corps, les cheminées et l'attache du kiosque et des panneaux. M. le lieutenant de vaisseau Baëhmes estime que l'ensemble des opérations pourraient être facilement réduit à 8 jours et demi, dont 4 pour le voyage. L'itinéraire étudié par les Compagnies prouve qu'en marchant la nuit, avec des vitesses de 25 kilomètres à l'heure seulement, on pourrait le faire en 61 heures ou en deux jours et demi. Ce serait donc au bout de 7 jours que le bateau, prêt à prendre la mer à Toulon, pourrait partir de Cherbourg pour sa nouvelle destination.

L'essai a donc très bien réussi. Il a démontré, sur un parcours de 1.365 kilomètres, la possibilité de faire passer les torpilleurs de 33 mètres et même de 40 mètres par les voies ferrées. Leur translation de Toulon à Cherbourg, désarmement et réarmement compris, peut s'effectuer en sept jours, tandis que ce voyage par mer exige 20 jours[1]. Par mer, il entraîne des dangers de toutes sortes, spécialement ceux que l'on a constatés le 22 mars 1889 auprès de Cherbourg, ou ceux qui ont entraîné la perte de l'*Avant-Garde*, en février 1890, sur les côtes du Portugal. Les torpilleurs qui ont fait le trajet par Gibraltar sont arrivés au port avec leur coque et leur chaudière fatiguées, exigeant des réparations ; ceux qui passeraient par le chemin de fer pourraient entrer en ligne immédiatement. En cas de guerre, le passage de la Méditerranée à l'Océan ou à la Manche et inversement peut se faire rapidement et avec une sécurité absolue. Enfin, dans le même cas, un torpilleur pourrait arriver par les voies ferrées partout où aboutit un chemin de fer à voie normale, et la marine peut préparer, dans tous les ports où elle le jugera convenable, des plans inclinés ou d'autres moyens de les mettre à l'eau ou de les charger sur trucks.

Tels sont les résultats acquis par le transport d'essai d'un torpilleur qui a été effectué de Toulon à Cherbourg en 1887.

III

LARGEURS DES TORPILLEURS QUE L'ON POURRAIT TRANSPORTER
SANS MODIFIER LES CHEMINS DE FER

A la fin de cette même année 1887, il y avait à Toulon 29 torpilleurs, sur lesquels 4 seulement avaient une largeur de plus de 3^m,40, y compris les cornières de ceintures ; ces cornières, par leur position, n'augmentent la largeur totale hors tôles que de 0^m,07. La majeure partie des torpilleurs de la marine pouvait donc passer sur les chemins de fer dans les conditions du transport d'es-

---

[1] Chiffre cité comme durée moyenne du voyage, par M. le Directeur du matériel de la marine, le 19 novembre 1887.

sai qui venait d'être fait. Depuis, on a reconnu nécessaire de donner à ces petits navires plus de stabilité, et pour cela de les élargir au maître bau. Il est donc intéressant d'examiner quelles sont les plus grandes dimensions des bateaux que peuvent admettre les voies ferrées des grandes Compagnies françaises, et spécialement leur hauteur au-dessus de la quille et leur largeur.

Hauteur du bateau au-dessus de sa quille. — La hauteur au-dessus de la quille qu'on peut admettre sur les chemins de fer dépend à la fois de celle de la quille au-dessus du rail et de celle des poutres métalliques ou des voûtes au-dessus du même niveau.

Les Compagnies ont demandé en 1886 et en vue du passage du train porte-torpilleur d'un palier à une rampe de 10 millimètres, que le chargement fût disposé de telle sorte qu'il restât un jeu de 0^m, 20 entre l'étambot du bateau et le wagon-plate-forme placé sous l'arrière. Ce chiffre peut se justifier par les oscillations de l'extrémité du torpilleur, mais les relèvements de la voie nécessaires aux augmentations de pente se faisant par des accroissements successifs de la déclivité d'un millimètre par 10 mètres, le cas supposé n'entraînerait qu'à un exhaussement de vingt millimètres (0^m, 020) sur les 20 mètres correspondant à la demi-longueur du bateau. Quoi qu'il en soit, la demande des Compagnies a conduit à placer la quille du torpilleur à 1^m, 40 au-dessus du rail. Il serait peut-être possible de réduire ce chiffre en abaissant davantage les longerons des trucks entre les roues, en diminuant la hauteur des lisoirs sous la quille et en étudiant un nouveau projet pour le matériel à placer sous le torpilleur ; mais, avec la cote de 1^m, 40 et un jeu de 0^m, 10 sous les poutres des passages supérieurs métalliques, on trouve que la hauteur des bateaux au-dessus de la quille qu'on peut admettre pour les chemins de fer construits suivant les cahiers des charges du type de 1857 serait, suivant le dévers d :

$$
\begin{aligned}
\text{Pour} \quad d &= 0,15 \quad \text{de} \quad 3,101 \\
d &= 0,10 \quad \text{de} \quad 3,173 \\
d &= 0,05 \quad \text{de} \quad 3,250 \\
d &= 0,00 \quad \text{de} \quad 3,300.
\end{aligned}
$$

Pour les souterrains et les passages supérieurs voûtés, la hauteur libre au-dessus des rails de chaque voie, à l'extérieur, est de 4ᵐ, 80 d'après le même type, et la hauteur maxima du navire dépendra de la saillie et de la place de la partie la plus élevée du bateau et devra être étudiée dans chaque cas.

Toutefois, pour les souterrains à deux voies de 8 mètres de largeur entre les pieds-droits la hauteur libre au-dessus de l'angle du panneau de la machine situé vers le centre de la courbe serait de 0ᵐ,65, 0ᵐ,77 et de 0ᵐ,91, suivant les dévers de 0ᵐ,15, 0ᵐ,10 et 0ᵐ,05, la largeur totale du panneau étant de 0ᵐ,80. Avec les types de 1842, ces hauteurs ne seraient respectivement que de 0ᵐ,04, 0ᵐ,17 et 0ᵐ,33 ; ce qui montre qu'il ne serait pas prudent de faire passer ces torpilleurs dans les anciens tunnels en courbe où le dévers serait de 0ᵐ,15, mais qu'ils pourraient passer avec leurs hauteurs calculées ci-dessus lorsque le dévers serait inférieur à 0ᵐ,12. Les lignes faites en vertu du cahier des charges de 1842 sont de grandes lignes à longs rayons, et les dévers ne doivent presque jamais y atteindre 0ᵐ,12. On peut donc dire, mais en thèse générale seulement et sauf quelques exceptions, que les bateaux ayant les hauteurs ci-dessus peuvent passer dans les souterrains.

Les hauteurs sous poutres ou sous voûte des ponts par-dessus construits suivant le cahier des charges de 1842 sont plus faibles que celles de 1857 de 0ᵐ,50, mais l'essai fait pour le transport du torpilleur n° 71 a prouvé qu'il était généralement facile d'abaisser le chemin de fer sous ces ponts, en augmentant un peu la déclivité de chaque côté de ces ouvrages sur d'assez faibles longueurs : on pourrait gagner les 0ᵐ,50 par un accroissement de pente de 0ᵐ,002 sur environ 250 mètres de chaque côté.

Largeur du bateau entre les angles des cornières de ceinture. — Cas du croisement en route. — Lorsqu'il est nécessaire de croiser des trains en route, l'entrevoie limite la saillie du matériel sur les rails à la moitié de sa propre largeur : il faut même réduire cette moitié du jeu nécessaire pour éviter les accidents. On admet en général que l'espace à laisser libre entre les parois des ouvrages d'art et les chargements faits suivant les gabarits des grandes Compagnies est de 0ᵐ,10. Pour les ouvrages étroits construits

suivant les types de 1842, il est même admis que cet espace se
réduise à 0^m,05. Nous prendrons toutefois pour nos calculs le chiffre
de 0^m,10, aussi bien du côté de l'entrevoie que vers l'extérieur
du chemin de fer : il resterait ainsi 0^m,20 entre deux trains se
croisant, ce qui suffit quand les chargements sont bien faits.

Mais, dans le cas spécial du transport d'un objet de dimensions
exceptionnelles tel qu'un torpilleur, il faut considérer la largeur
des wagons passant dans le gabarit ordinaire des grandes Compagnies et que l'on aura à croiser en route. Ce gabarit est large de
3^m,20 sur la plupart des réseaux, descend à 3 mètres pour celui
de l'Ouest et atteint 3^m,25 sur celui du Nord. Il faut remarquer,
en outre, que si la rencontre a lieu dans une courbe dont le centre
soit du côté du wagon ordinaire, la conservation à peu près inté-
grale de l'espace qui le sépare du torpilleur fera que l'inclinaison de
celui-ci par suite du dévers n'aura pas d'influence sensible sur la
largeur à adopter pour le bateau. En étudiant cette largeur telle qu'elle
résulte de l'entrevoie, l'on peut donc faire abstraction du dévers.

Partageons les divers gabarits en trois groupes, suivant leurs largeurs : le premier de 3^m,25, appartenant à la Compagnie du Nord,
le second de 3^m,20 aux Compagnies de Paris-Lyon-Méditerranée,
de l'Est, d'Orléans, de l'État et du Midi, et le troisième de 3 mètres
à la Compagnie de l'Ouest ; nous pourrons calculer ainsi les largeurs
possibles pour chaque groupe. Elles sont données dans le tableau
suivant :

	1er GROUPE	2e GROUPE	3e GROUPE
Largeur du gabarit.	3^m25	3^m20	3^m00
Largeur de la voie rails compris.	1,57	1,57	1,57
Différences.	1,68	1,63	1,43
Saillie du gabarit sur l'entrevoie.	0,84	0,815	0,715
Intervalle à laisser libre.	0,20	0,20	0,20
Reste pour la saillie sur le rail du charge- ment exceptionnel :			
Sur les lignes à entrevoie de 2^m,00.	0,96	0,985	1,085
de 1^m,80.	0,76	0,785	0,885
Largeur possible du chargement :			
Sur les lignes à entrevoie de 2^m,00.	3,49	3,54	3,74
— de 1^m,80.	3,09	3,14	3,34

Ceci suppose que l'on ne tienne pas compte de l'inclinaison du torpilleur vers les pieds-droits des souterrains ou des ouvrages d'art, c'est-à-dire que le centre de la courbe n'est pas de son côté ou qu'on est en alignement droit. Il faut remarquer qu'un chargement de 3^m,74, du troisième groupe par exemple, ne pourrait pas croiser un wagon du premier groupe sur une voie de 1^m,80 d'entrevoie, parce que la saillie de 1^m,05 du chargement et la saillie de 0^m,84 du wagon excéderaient ensemble la largeur de l'entrevoie ; mais ils pourraient à la rigueur se croiser, avec un intervalle de 0^m,075, si l'entrevoie était de 2 mètres.

Dans le cas où le centre de la courbe est du côté du torpilleur et où il penche vers les obstacles latéraux à la voie (fig. 7), l'on doit observer que l'accotement *a* compris entre le bord extérieur du rail et les pieds-droits des ouvrages d'art est de 1^m,43, quand l'entrevoie est de 2 mètres et la plate-forme de 8 mètres, de 1^m,24 seulement si l'entrevoie est de 1^m,80 et la plate-forme de 7^m,40 : or l'on a vu (p. 23) que la saillie sur le rail d'un torpilleur de 3^m,40 de large dans les courbes était, suivant le dévers *d* :

$$
\begin{aligned}
\text{Pour} \quad d &= 0,15 \quad \text{de} \quad 1,242 \\
d &= 0,10 \quad \text{de} \quad 1,137 \\
d &= 0,05 \quad \text{de} \quad 1,031.
\end{aligned}
$$

Le torpilleur de 3^m,40 ne pourrait donc pas passer, parce qu'il effleurerait les maçonneries, si le dévers était de plus de 0^m,10 dans les lignes du type de 1842 à entrevoie de 1^m,80 et de 7^m,40 de large, lors même que le croisement avec des wagons ordinaires serait possible, ce qui n'est pas ; il passerait aisément, au contraire, si l'entrevoie était de 2 mètres et la largeur de l'accotement de 1^m,43 suivant les types de 1857.

On peut disposer la marche des trains de manière à ce que les croisements ne se fassent pas en route ou que le chargement exceptionnel ne rencontre pas de wagons de types trop larges, par exemple de telle sorte qu'un chargement de 3^m,74 destiné à passer sur les lignes neuves de l'Ouest ne croise pas des wagons du Nord sur des lignes à entrevoie de 1^m,80 ; cette faute est facile à éviter. Voyons quelles seraient les largeurs possibles sur les lignes à deux voies en supprimant les croisements en route, et faisons d'abord abstraction des souterrains.

Largeurs possibles sans croisement en route. — Prenons les formules de la page 17 et la figure 7 ; désignons toujours par l la distance cM du point M le plus saillant du torpilleur de son axe BF et par y sa hauteur Bc au-dessus du rail dans les voies sans dévers. La distance du milieu A de la voie aux pieds-droits des ponts en dessus sera égale à :

$$\varphi + \Delta f + d_p + \Delta + 0{,}10$$

Δ étant l'écartement dû à la flexion des ressorts, φ la flèche de l'arc de l'axe de la voie entre les pivots des trucks et 0,10 le jeu à laisser entre le torpilleur et le pied-droit.

Cette même distance est égale à la somme de la moitié de la voie, rails compris, et de la largeur de l'accotement. Si donc nous appelons a' la largeur de l'accotement et si nous posons

$$m = \varphi + \Delta f + \Delta + 0{,}10$$

en prenant pour φ, Δf et Δ les valeurs calculées plus haut, si nous remplaçons d_p par sa valeur, nous pourrons écrire.

$$m + h\left(\frac{d}{1{,}51}\right) + l\sqrt{1 - \left(\frac{d}{1{,}51}\right)^2} = \frac{1{,}57}{2} + a' \qquad (1)$$

Le point le plus saillant du torpilleur, c'est-à-dire l'angle de la cornière supérieure de ceinture, étant à $2^m{,}90$ au-dessus du rail, on peut poser $h = 2^m{,}90$ et déduire de l'équation ci-dessus la largeur $2\,l$ des torpilleurs que peuvent admettre, sans croisement en route, les chemins de fer des deux types de 1842 et de 1857. En remarquant que la largeur a' de l'accotement pour ces deux types est de $1^m{,}24$ et de $1^m{,}43$, on peut résumer dans le tableau suivant les résultats donnés par le calcul :

	ACCOTEMENT DE 1,25 (1842)			ACCOTEMENT DE 1,43 (1857)		
	$d=0,15$	$d=0,10$	$d=0,05$	$d=0,15$	$d=0,10$	$d=0,05$
Valeur de m	0,1473	0,1333	0,1208	0,1473	0,1333	0,1208
$hl = h\dfrac{d}{1,51}$	0,2881	0,1921	0,0960	0,2881	0,1921	0,0960
$m + h\dfrac{d}{1,51}$	0,4354	0,3254	0,2168	0,4354	0,3254	0,2168
$\dfrac{1,57}{2} + d =$	2,0250	2,0250	2,0250	2,2150	2,2150	2,2150
$lp = l\sqrt{1-\left(\dfrac{d}{1,51}\right)^2} =$	1,5896	1,6996	1,8082	1,7796	1,8896	1,9982
Largeur admissible $2l =$	3,1950	3,4066	3,6184	3,5768	3,7874	4,0098
Écartement $dp - l$ produit par l'inclinaison de la voie	0,2802	0,1884	0,0950	0,2793	0,1880	0,0893

Cas où le dévers est nul. — Si l'on recherche les largeurs que pourront admettre, sur les lignes à deux voies, quand le dévers sera nul ou que l'on aura $d = o$, les chemins de fer construits d'après les types de 1842 et de 1857, on trouve ce qui suit :

	1842	1857
Largeur admissible avec croisement en route	3,17	3,37
— sans croisement en route	3,85	4,23

Chemins de fer à une voie. — Enfin les lignes à une seule voie ne sont pas définies dans le cahier des charges de 1842. Celui de 1857 et ceux adoptés depuis admettent uniformément pour les lignes à une seule voie une largeur de 4^m,50 entre les parapets des ponts en dessous et les pieds-droits des passages supérieurs. Dans ces conditions, la largeur des accotements est de 1^m,465 et la ligne peut admettre des torpilleurs des largeurs $2l$ suivantes :

$$d = 0,15 \quad 2l = 3,65 \quad i = 0,2792$$
$$d = 0,10 \quad 2l = 3,86 \quad i = 0,1979$$
$$d = 0,05 \quad 2l = 4,07 \quad i = 0,0949$$
$$d = 0,00 \quad 2l = 4,30 \quad i = 0,0000$$

i étant l'écartement produit par le dévers d de la voie.

Souterrains. — Examinons maintenant la largeur que comportent les souterrains (fig. 7).

La formule (1) posée dans le cas précédent devra être modifiée en raison du surplomb de la voûte. L'espace disponible entre l'axe de la voie et le pied-droit doit être diminué de ce surplomb, qui sera :

$$R \quad x = R - \sqrt{(R + y)(R - y)}$$

y étant l'ordonnée y N correspondant à la hauteur H au-dessus du rail intérieur de l'extrémité a de la cornière supérieure de ceinture du torpilleur au maître bau. Cette hauteur H a pour expression

$$H = Bf + Bd - ap - K$$

ou en remplaçant ap et cd par leurs valeurs et réduisant

$$H = Bf + h \sqrt{1 - \left(\frac{d}{1,51}\right)^2} - l \frac{d}{1,51} - K$$

La hauteur primitive $h = 2^m,90$ de la cornière au-dessus du rail étant connue et les autres quantités, sauf l, ayant été déjà calculées, on peut poser :

$$Bf + h \sqrt{1 - \left(\frac{d}{1,51}\right)^2} - K = \alpha$$

et :

$$H = \alpha - l \frac{d}{1,51} \tag{2}$$

de son côté, la formule (1) devient, en réduisant la largeur a' de l'accotement du surplomb $(R - x)$ de la voûte et en remplaçant bp et bd par leurs valeurs,

$$\varphi + Af + \Delta + 0,10 + h \frac{d}{1,51} + l \sqrt{1 - \left(\frac{d}{1,51}\right)^2} = \frac{1,57}{2} + a' - R + x$$

ou en posant :

$$\varphi + Af + \Delta + 0,10 + h \frac{d}{1,51} - \frac{1,57}{2} - a' + R = \beta$$

$$x = \beta + l \sqrt{1 - \left(\frac{d}{1,51}\right)^2} \tag{3}$$

L'équation du cercle de l'intrados de la voûte est :

$$x^2 + y^2 = R^2 \tag{1)}$$

enfin, désignons par p la hauteur du pied-droit du souterrain :
l'on aura :

$$y = H - p \tag{5}$$

Les quatre équations (2), (3), (4) et (5) permettent d'éliminer y et
x et d'arriver pour l à une équation du second degré.

$$l^2 + 2l\left[\beta\sqrt{1 - \left(\frac{d}{1{,}54}\right)^2} - (z - p)\frac{d}{1{,}54}\right] + (z - p)^2 + \beta^2 - R^2 = 0.$$

L'on en tire les valeurs de l et la largeur $2\,l$ du torpilleur que le
souterrain pourrait laisser passer dans chaque cas. On trouve ainsi
les résultats suivants :

	$d = 0{,}15$	$d = 0{,}10$	$d = 0{,}05$	$d = 0{,}00$
Valeurs de $2l$ pour un accotement de 1,24 (1842)	3,13	3,34	3,54	3,72
Valeurs de $2l$ pour un accotement de 1,43 (1857)	3,43	3,63	3,82	4,00

Il faut remarquer que ces chiffres sont obtenus en ne tenant
compte que de l'accotement et non de l'entrevoie. Ils sont exacts
pour le cas d'un souterrain à une voie et pour celui où les trains
ne doivent pas se croiser dans le tunnel, mais ils devraient être
réduits aux chiffres trouvés pour le cas d'un croisement sous un
pont en dessus (p. 46) dans le cas où la rencontre des trains
devrait avoir lieu dans le souterrain.

Longueur possible des torpilleurs. — La nécessité de passer sous
les voûtes, dans des tunnels courbes, peut limiter la longueur
du bateau et influer sur sa forme. Les calculs ci-dessus indiquent
sa largeur maxima au maître bau. La figure 13 montre en plan
les limites de l'espace que peut occuper la coupe horizontale du
navire à la hauteur des cornières supérieures des ceintures. Cet
espace est borné vers l'intérieur de la courbe par une parallèle
CD à l'axe MN du torpilleur passant, dans le tunnel, à la distance
de cet axe donné par les équations de (2) à (5). La distance du pied-
droit intérieur est $(R - x) + 0{,}10$. De l'autre côté, une parallèle

EF à cette ligne située à égale distance de la projection de l'axe MN du bateau au niveau des ceintures sera la limite du côté de l'extérieur de la voie. Enfin les extrémités de l'espace seront limitées, du même côté et jusqu'à la rencontre de l'axe du bateau par les arcs d'une circonférence passant à la même distance $(R - x)$ + 0, 10 de la paroi extérieure ; du côté intérieur, il le sera par des arcs de cercles symétriques. Une étude spéciale est nécessaire

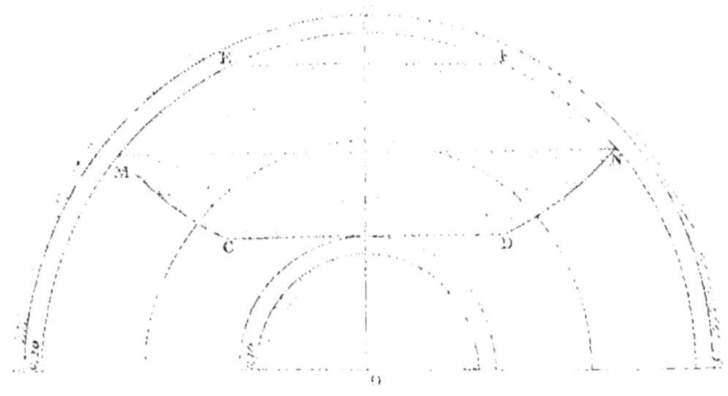

Fig. 13.

pour chaque modèle de navire. Les distances $R - x + 0,10$, celles de l'axe du bateau à la paroi du tunnel et la longueur de cet axe sont donnés par le tableau suivant pour les souterrains à une voie, en courbe de 300 mètres de rayon et ayant un accotement de 1^m, 465, ce qui est le cas le plus fréquent. Les hauteurs des pieds-droits de ces souterrains étant de 3^m, 75, c'est-à-dire supérieures à celle de 2^m, 90 des cornières de ceinture du bateau, il n'y a pas lieu de tenir compte de la voûte, et la quantité $R - x + 0,10$ se réduit à 0,10 ; dans les équations, y doit être pris, dans ce cas, égal à zéro.

	$d=0,15$	$d=0,10$	$d=0,05$
Distance de l'axe du torpilleur au pied-droit du tunnel.	1,88	1,99	2,10
Demi-largeur lp de la projection de la section du bateau.	1,78	1,89	2,00
Longueur de l'axe	77,88	76,18	74,23

Les longueurs calculées sont de beaucoup supérieures à celles qui correspondent, dans la pratique, aux largeurs du navire évaluées ci-dessus: le calcul prouve donc qu'il n'y a pas à se préoccuper des longueurs pour les transports dont il s'agit.

Choix d'un itinéraire. — Les largeurs que l'on peut admettre pour un torpilleur ou pour un chargement exceptionnel dépendent ainsi des conditions d'établissement des lignes à parcourir. Il conviendra donc d'étudier pour les divers cas un itinéraire possible, et d'en déduire, au moyen des tableaux ci-dessus, les largeurs correspondantes à admettre. Pour le passage des torpilleurs allant du réseau d'Orléans à Cherbourg, par exemple, on pourrait choisir les lignes qui partent d'Angers et passent par Segré, Vitré et Pontorson; la largeur de 3^m,70 pourrait y être admise.

IV

LARGEURS POSSIBLES EN DÉPLAÇANT LES VOIES SUR LA PLATE-FORME DES CHEMINS DE FER

Il est une remarque qui se présente naturellement dans cette étude : c'est que les rails ne sont pas placés, dans les chemins de fer à deux voies, de manière à permettre de donner aux chargements toute la largeur qu'ils pourraient avoir. Lors de la construction de ces lignes, on a voulu ménager un espace libre pour les agents rencontrés par un train sous un pont ou sous un tunnel ; on a aussi tenu à ce qu'un wagon dont la portière s'ouvrirait accidentellement ne vînt pas se briser en frappant contre un ouvrage d'art. Mais depuis, on a reconnu l'utilité d'élargir les chargements et surtout les voitures de voyageurs, et un nouveau matériel tend à se substituer à l'ancien pour ces voitures. Elles

auraient, à l'intérieur, des galeries longitudinales, et les fenêtres
seraient munies de barreaux horizontaux pour empêcher les voyageurs de se pencher au dehors. Dans ces conditions, il n'y a plus
les mêmes motifs de laisser libre un espace supplémentaire le long
de celui que parcourent les véhicules.

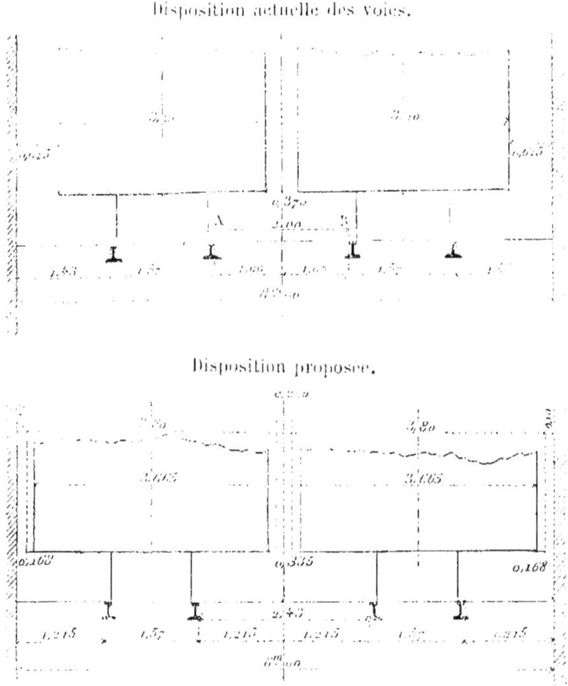

Fig. 14.

La voie se trouve donc mal placée, parce qu'elle n'est pas au
milieu de l'intervalle compris entre l'axe du chemin de fer et les
parois des souterrains ou des ponts en dessus (fig. 14).

Il est dès lors intéressant d'examiner quelles sont les largeurs
qu'on pourrait adopter pour les gabarits de chargement, si l'on
remédiait à ce défaut. Les travaux que ce changement entraînerait sur les chemins de fer n'exigerait pas de trop grosses dépenses
sur certains réseaux, et pourrait se faire peu à peu, en prévision
de l'amélioration du matériel roulant.

Chemins de fer à une voie. — Sur les lignes à une voie, les rails sont posés au milieu de la plate-forme, mais il en résulte que, dans les courbes, les wagons se rapprochent beaucoup plus des obstacles situés du côté du centre que de ceux qui sont du côté opposé. Le calcul de la largeur possible peut s'établir en suppo-

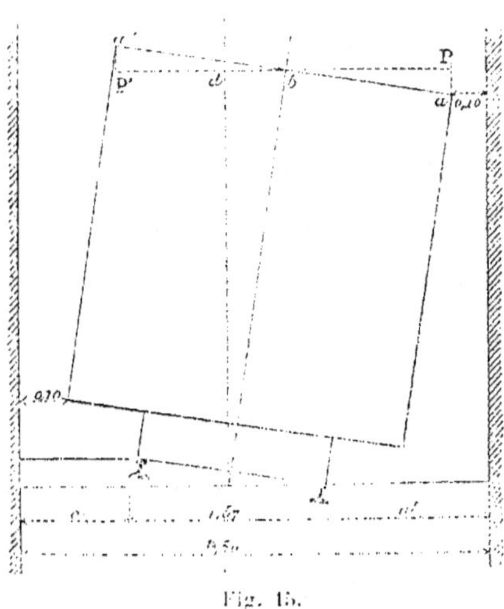

Fig. 15.

sant qu'on laissera libre de chaque côté un jeu de $0^m,10$, et que, vers l'extérieur, la distance de l'axe de la voie au pied-droit sera égal à la demi-largeur l du chargement plus $0^m,10$ (fig. 15). En tenant compte des autres éléments, on arrive à la formule qui suit :

$$0,10 + l + \tfrac{e}{2} + Af + \Delta + bd + bp + 0,10 = 4^m,50$$

ou en remplaçant bd et bp par leur valeur et groupant les termes en l :

$$0,20 + \tfrac{e}{2} + Af + \Delta + h\,\frac{d}{1,51} + l\left(1 + \sqrt{1 - \left(\frac{d}{1,51}\right)^2}\right) = 4,50 \qquad (6)$$

Nous supposerons que le point le plus saillant du chargement soit à une hauteur h de $3^m,50$ au-dessus du rail.

Cette formule donne, suivant les valeurs du dévers d, les largeurs $2\,l$ du gabarit. Si l'on désigne en outre par a et a' les accotements vers l'extérieur et l'intérieur de la courbe et si l'on remarque que la demi-largeur l du gabarit augmentée du jeu de $0^m,10$ est égal à l'accotement a plus la demi-largeur de la voie, l'on arrive aux résultats suivants :

	$d=0,15$	$d=0,10$	$d=0,05$	$d=0,000$
Largeur du gabarit $2l =$	3,91	4,04	4,17	4,30
Accotement extérieur $a =$	1,272	1,335	1,398	1,465
Accotement intérieur $a' =$	1,658	1,595	1,532	1,465
Déplacement de l'axe de la voie $\frac{a'-a}{2} =$	0,193	0,130	0,067	0,000

Chemins de fer à deux voies. — Faisons un calcul analogue pour les chemins de fer à deux voies, en commençant par écarter le cas d'un souterrain ou d'un passage supérieur voûté de la même section. Désignons la largeur totale de la voie entre les pieds-droits par λ, quantité qui sera de $7^m,40$ pour les chemins du type de 1842 et de 8 mètres pour ceux du type de 1857. Admettons qu'au niveau de la voie extérieure on ménage un jeu de $0^m,10$ et que la distance du milieu de l'axe de la voie voisine au pied-droit soit de $0,10 + l$, l étant la demi-largeur du gabarit. Nous supposerons qu'on doive conserver le même intervalle de $0^m,10$ entre le pied-droit intérieur et le matériel, et une distance normale qt (fig. 7) de $0^m,20$ entre deux trains qui se croisent.

On trouvera d'abord aisément

$$bq = \frac{l}{\sqrt{1-\left(\frac{d}{1,51}\right)^2}} \,;\; qq' = \frac{ql}{\sqrt{1-\left(\frac{d}{1,51}\right)^2}} \quad \text{ou} \quad qq' = \frac{0^m,20}{\sqrt{1-\left(\frac{d}{1,51}\right)^2}}$$

puis, pour l'intervalle entre les pieds-droits :

$$0^m,10 + l + q + Af + \Delta + bd + bq + qq' + bq + bp + 0,10 = \lambda$$

ou en remplaçant bd, bq, qq' et bp par leur valeur et en réduisant

$$\left[1-\sqrt{1-\left(\frac{d}{1,51}\right)^2} \cdot \frac{2}{\sqrt{1-\left(\frac{d}{1,51}\right)^2}}\right] - \left[0,20\left(1-\frac{1}{\sqrt{1-\left(\frac{d}{1,51}\right)^2}}\right) + q + Af + \Delta + h\frac{d}{1,51}\right]$$

cette équation donne la largeur $2l$ du gabarit en fonction de la largeur λ et du dévers d de la voie.

L'on peut obtenir ensuite les accotements extérieur a et intérieur a', ainsi que l'entrevoie e, en observant que l'on a

$$a = 0,10 + l - \frac{1,57}{2} ; \qquad e = 2\,bq + qq' - 1,57$$

et

$$a' = \rho + Mf + \Delta + bd + bp + 0,10 - \frac{1,57}{2}$$

ou en remplaçant les quantités bq, qq', bd et bp par leur valeur et en réduisant

$$a = l - 0,685 \tag{8}$$

$$e = \frac{2l}{\sqrt{1 - \left(\frac{d}{1,51}\right)^2}} + \frac{0,20}{\sqrt{1 - \left(\frac{d}{1,51}\right)^2}} - 1,57 \tag{9}$$

$$a = \rho + Mf + \Delta + h\,\frac{d}{1,51} + l\sqrt{1 - \left(\frac{d}{1,51}\right)^2} - 0,685 \tag{10}$$

au moyen de ces formules ; on trouve les résultats consignés au tableau suivant :

	$d=0,15$	$d=0,10$	$d=0,05$	$d=0,00$
Types de 1842 ($\lambda = 7^m,10$).				
Largeur du gabarit $2l =$	3,306	3,366	3,431	3,50
Déplacement horizontal de la corniche de l'angle supérieur du wagon $\rho + Mf + \Delta + bd + bp - l =$	0,383	0,261	0,136	0,000
Déplacement de l'axe de la voie $OO' = \frac{a'-a}{2}$	0,192	0,130	0,068	0,000
Accotement extérieur $a =$	0,968	0,998	1,031	1,065
Entrevoie $e =$	1,945	2,003	2,063	2,130
Accotement intérieur $a' =$	1,351	1,259	1,166	1,065
Types de 1857 ($\lambda = 8^m,00$).				
Largeur du gabarit $2l =$	3,598	3,665	3,731	3,80
Déplacement horizontal de la corniche de l'angle supérieur du wagon $\rho + Mf + \Delta + bd + bp - l =$	0,386	0,261	0,136	0,000
Déplacement de l'axe de la voie $OO' = \frac{a'-a}{2}$	0,193	0,130	0,068	0,000
Accotement extérieur $a =$	1,114	1,148	1,181	1,215
Entrevoie $e =$	2,246	2,304	2,363	2,430
Accotement intérieur a'	1,500	1,409	1,316	1,215

Les largeurs trouvées ci-dessus varient suivant le dévers et les conditions des cahiers des charges adoptés pour la construction des différentes lignes. Elles sont données pour le passage sous les ponts par-dessus et les souterrains. Pour la voie courante, il me semblerait utile d'adopter pour la position des voies, et surtout pour les largeurs de l'entrevoie, les dispositions indiquées au tableau ci-dessus parce qu'elles permettent d'utiliser toute la largeur que peut offrir la voie ferrée. Les dimensions de l'entrevoie qui figurent au tableau pour le passage entre les pieds-droits des ouvrages en dessus peuvent se conserver en pleine voie en mettant

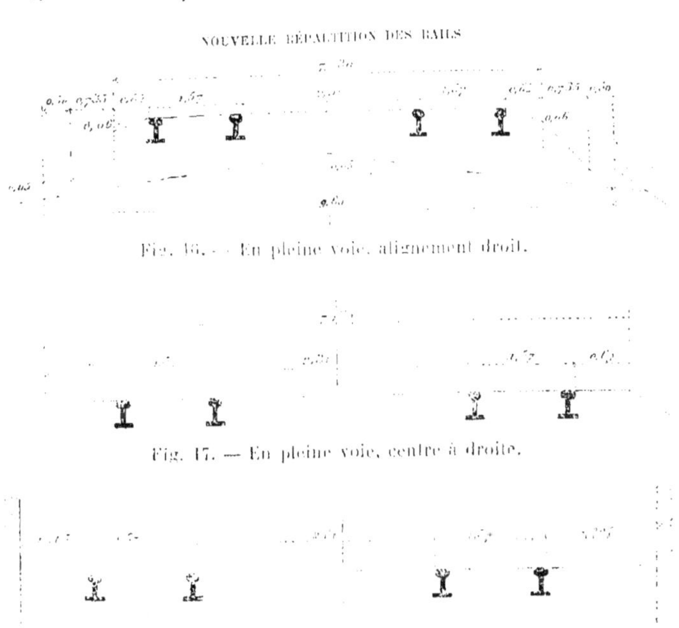

Fig. 16. — En pleine voie, alignement droit.

Fig. 17. — En pleine voie, centre à droite.

Fig. 18. — Sous un ouvrage d'art, centre à droite.

l'axe de l'entrevoie sur l'axe du chemin de fer dans les lignes droites et en réduisant dans les courbes l'accotement situé du côté du centre, de manière à conserver à l'autre accotement, au niveau du ballast, une largeur de 1 mètre; on aura de la sorte assuré la stabilité des traverses de la voie extérieure du côté où elles sont poussées par la force centrifuge; celles de la voie intérieure n'ont pas le même besoin d'être maintenues par le ballast du côté du centre de la courbe.

Largeurs normales possibles. — Les chemins de fer à deux voies sont en général de grandes lignes sur lesquelles les rayons ne descendent pas à moins de 400 mètres et où le dévers de la voie

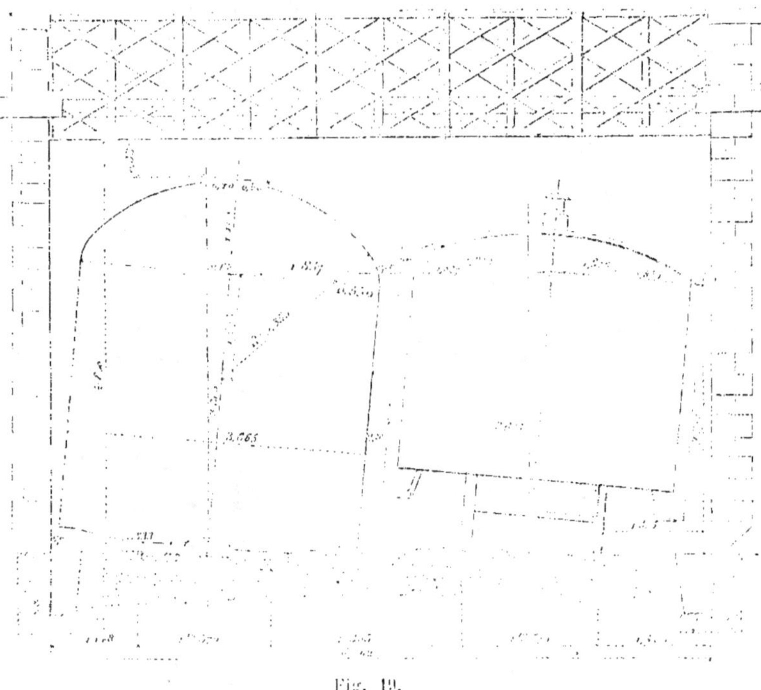

Fig. 19.

ne dépasse pas $0^m,10$. Les calculs ci-dessus font voir qu'elles peuvent admettre un gabarit de $3^m,366$ quand elles sont construites sur les types de 1842, et de $3^m,665$ pour celles du type de 1857. Sur les chemins de fer à une voie, nous avons vu qu'avec un dévers de $0^m,15$ elles pouvaient recevoir des chargements de $3^m,91$ de largeur.

Souterrains. — Dans les souterrains à une voie, la hauteur des pieds-droits est de $3^m,75$, de telle sorte que la voûte n'empêche pas d'admettre la largeur que venons d'indiquer pour les chemins de fer à voie unique. Il n'en est pas toujours de même pour les lignes à deux voies : dans un certain nombre de souterrains, on a donné du fruit aux pieds-droits et élargi la voûte dont le rayon est, par suite, de plus de la moitié de la largeur du chemin de fer au niveau des rails; c'est ainsi que sur la ligne de Cavignac à Bordeaux, le souterrain de Lormont (fig. 20), construit en ligne droite, admettrait sans modification une entrevoie de 2^m,31 et un gabarit de 3^m,70 de largeur; de même, la Compagnie du Midi a demandé que les souterrains en courbe fussent élargis en raison du dévers du côté du centre de la courbe, et cette disposition a

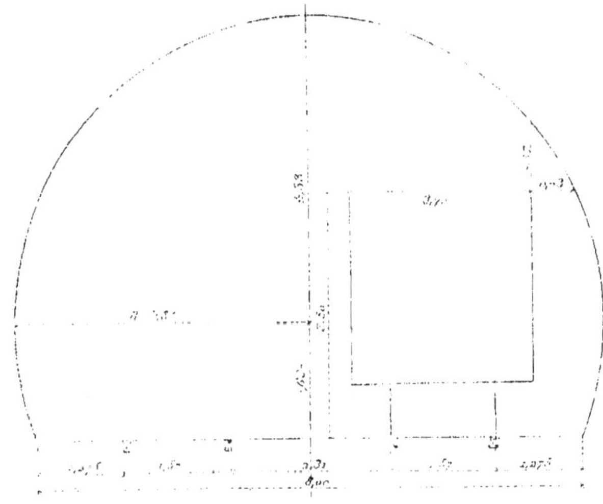

Fig. 20.

été appliquée sur le réseau du Midi et ailleurs; mais les tunnels construits sans modification d'après les données des cahiers des charges de 1842 et 1857 présenteraient un obstacle à l'élargissement des gabarits, si l'on n'y abaissait pas un peu le sol de la plate-forme. Le calcul indique que le surplomb de la voûte ferait perdre une largeur utile de près de 0^m,70 pour un dévers de 0^m,10, dans les souterrains des deux types de 1842 et 1857. Le remède consiste à abaisser la voie. Ce travail n'entraîne de difficultés spéciales que lorsque le tunnel est muni d'un radier trop élevé ou qu'il est immédiatement voisin d'une station de quelque importance.

Le calcul de cet abaissement peut se faire en observant (fig. 7) que la distance horizontale OT du point a le plus saillant du haut du gabarit ou du toit d'une voiture a pour expression :

$$OT = bp + bd + cg + Af + Ai + \frac{1.57}{2} + \frac{r}{2} - OO'$$

la quantité OO' étant le déplacement de l'axe de la voie vers l'extérieur de la courbe qui figure au tableau donné ci-dessus (p. 54).

D'un autre côté, la hauteur H du point a au-dessus du rail est :

$$H = Bf + Bd - ap - K$$

La hauteur du point a par rapport au diamètre horizontal de la voûte est : $H - p$, p étant la hauteur du pied-droit. Pour que le gabarit soit à 0ᵐ,40 au-dessous de la voûte, il faut que $H - p + 0^m,40$ soit égal à l'ordonnée de la voûte au-dessus du point a. D'autre part, il faut que la distance horizontale du même point à la voûte soit suffisante. On peut admettre, dans ces cas spéciaux, qu'elle soit de 0ᵐ,06, chiffre un peu supérieur à celui qui est admis sur le réseau de l'Ouest. Dans ces conditions, l'on trouve que l'abaissement, que nous désignerons par δ, devrait être fixé, suivant le dévers d et le type du tunnel, aux quantités ci-dessous :

TYPES DE 1842

$d = 0,10$: $H = 3,4015$; $L = 1,1554$; $OT = 3,5691$; $\delta = 0,3807$

$d = 0,05$: $H = 3,4425$; $L = 1,0294$; $OT = 3,5439$; $\delta = 0,3134$

$d = 0,00$: $H = 3,4700$; $L = 0,8936$; $OT = 3,5286$; $\delta = 0,2689$.

TYPES DE 1857

$d = 0,10$; $H = 3,3916$; $L = 1,3050$; $OT = 3,8690$; $\delta = 0,6443$

$d = 0,05$; $H = 3,4375$; $L = 1,1796$; $OT = 3,8464$; $\delta = 0,5759$

$d = 0,00$; $H = 3,4700$; $L = 1,0439$; $OT = 3,8289$; $\delta = 0,5338$.

Ces quantités sont calculées pour des gabarits dont les largeurs seraient ceux indiqués ci-dessus, soit de $3^m,366$ pour les ouvrages du type de 1842 et de $3^m,665$ pour ceux du type de 1857. Les largeurs des entrevoies et des accotements pour des dévers de $0^m,05$ et de $0^m,00$ portés au tableau de la page 54 pourront être d'autant mieux admis dans la pratique qu'ils correspondent à des gabarits d'une largeur supérieure à ces derniers chiffres. On pourra donc disposer la voie avec les accotements et entrevoies qui figurent au tableau pour des dévers de $0^m,10$ et au-dessous. Au besoin et pour les cas de dévers de $0^m,05$ ou nul, on pourrait accepter des chargements des largeurs portées au même tableau. Un dévers de plus de $0^m,10$ obligerait au contraire à réduire les dimensions de $3^m,366$ et de $3^m,665$, auxquelles je crois qu'on peut s'arrêter pour les lignes à deux voies.

L'intervalle qui resterait libre entre les portières des wagons actuels et les obstacles serait sensiblement plus grand que le jeu de $0^m,10$ admis sur tous les réseaux. Ainsi les portières des voitures à voyageurs de l'Ouest, dont la caisse a $2^m,80$ de large, seraient éloignées des maçonneries de plus de $0^m,55$ du côté intérieur de la courbe. L'adoption de la nouvelle entrevoie et de wagons élargis ne saurait donc être une difficulté pour l'usage de l'ancien matériel. Il faudrait seulement empêcher les voyageurs de se pencher en dehors des fenêtres.

L'augmentation de largeur des gabarits exigera une surveillance exacte des déplacements de la voie qui peuvent résulter de son entretien ou de l'action du passage des trains rapides. Des repères devront être placés sur les ouvrages d'art, afin de conserver aux rails leur position normale sur la plate-forme. A une meilleure utilisation du chemin de fer, à un matériel roulant plus perfectionné, devra naturellement correspondre un entretien de la voie plus parfait.

En dehors des obstacles que les passages en-dessus et les souterrains peuvent offrir à l'augmentation de la largeur du gabarit des chemins de fer, il peut y en avoir d'autres qui résultent de l'aménagement des stations, surtout des stations communes, de leur voisinage des souterrains et de l'emplacement des grues hydrauliques et des signaux. Il est heureusement facile de déplacer

ceux-ci, et les stations qui ne se prêteraient pas à un nouvel
aménagement sans grandes dépenses sont relativement peu nombreuses. Quoi qu'il en soit de ces circonstances assez exceptionnelles où les modifications de la voie seraient coûteuses, il n'en
est pas moins démontré que sans changer les largeurs des ouvrages
d'art ni les souterrains et en conservant aux plates-formes des
chemins de fer leur largeur actuelle, il est possible d'augmenter
sensiblement les dimensions des chargements et des voitures, et
de réaliser de la sorte une amélioration dont il serait superflu de
démontrer l'importance.

Résumé. — Si l'on veut récapituler brièvement ce qui a été
exposé dans ce mémoire, on peut dire que les expériences entre-
prises par la marine pour faire passer les torpilleurs de la Manche
à la Méditerranée par les canaux m'ont conduit à rechercher si l'on
pourrait leur faire prendre la voie beaucoup plus rapide des chemins de fer. Le calcul en ayant démontré la possibilité, je l'ai fait
connaître au directeur du matériel, et le ministre de la marine
m'a fait inviter à poursuivre cette étude en vue d'un essai de ce
genre de transport. De concert avec les Compagnies de l'Ouest,
d'Orléans et de Paris à Lyon et à la Méditerranée qui y ont prêté
leur concours avec tout le patriotisme que leur inspirait une ten-
tative faite dans l'intérêt de la défense nationale, les conditions
de transport, les prix et l'itinéraire ont été réglés pour le voyage,
la marine a fait faire à ses frais les trucks nécessaires par le
Creusot, et a préparé les moyens de chargement et de déchargement des torpilleurs à transporter sur les voies ferrées. Les trois
compagnies ont fait exécuter les menus travaux dont la nécessité
avait été révélée par le passage d'un gabarit spécial sur le trajet
projeté. Un essai préliminaire fut fait avec succès le 3 août 1887
entre Toulon et la Ciotat. Le transport du torpilleur de 33 mètres
nᵒ 71 fut ensuite effectué de Toulon à Cherbourg par Marseille,
Remoulins, Thiers, Moulins, Montluçon, Tours et Caen, sur un
parcours de 1,365 kilomètres. Chargé par une décision du ministre
de la marine du 7 juin 1887 de la mission d'accompagner le train
porte-torpilleur, j'ai pu constater qu'il n'était arrivé d'autre inci-
dent en route que le chauffage de quelques essieux, dû à l'emploi

de trucks très chargés qui n'avaient encore presque pas servi. Ce chauffage n'a arrêté en rien la marche du train, qui est arrivé à l'heure dite à Cherbourg, le 3 septembre 1887.

Le chargement et le déchargement du torpilleur se sont faits sans difficulté; la commission chargée d'examiner ce petit navire après son arrivée à Cherbourg a constaté qu'il n'avait rien perdu de sa vitesse, que sa coque, sa machine, sa chaudière et son appareil militaire n'avaient nullement souffert du transport. Enfin, l'on a pu reconnaître que le temps nécessaire à la translation du torpilleur de Toulon à Cherbourg, celui du désarmement et du réarmement compris, pourrait se réduire à une semaine.

Cet essai a prouvé que les torpilleurs de 33 mètres et de 40 mètres, c'est-à-dire des modèles les plus usités en 1887, pouvaient être transportés d'un point à l'autre du territoire par les chemins de fer, et parvenir ainsi par l'intérieur du pays à tous les ports desservis par des voies ferrées construites dans les conditions, aujourd'hui normales, des cahiers des charges adoptés depuis 1857. L'établissement de plans inclinés, comme celui qui dessert les torpilleurs dans l'arsenal de Cherbourg, permettrait facilement leur embarquement sur les chemins de fer ou leur débarquement partout où la marine trouverait utile d'établir des cales inclinées analogues.

Depuis 1887, aucun nouveau transport du même genre n'a été entrepris, mais cela s'explique aisément par le prix du transport qui a été coûteux, par le nombre des torpilleurs qui existent aujourd'hui dans nos ports et par la facilité que la paix a donné de les faire passer par mer. Mais si la guerre venait à le rendre impossible et à exiger le remplacement d'un certain nombre de ces navires ou leur concentration dans l'une des mers qui baignent nos côtes, la marine pourrait recourir au moyen de transport qu'elle possède par les voies ferrées. Le résultat est acquis, et l'expérience qui a été faite a montré les nouveaux services que les chemins de fer peuvent rendre à la défense nationale.

L'augmentation de largeur que l'on juge utile de donner aux torpilleurs et les dimensions étroites des lignes construites suivant les cahiers des charges de 1842 m'ont engagé à rechercher les dimensions maximum des bateaux qui peuvent être transportées par voies ferrées.

La longueur admissible dépasse celle que peuvent avoir les navires susceptibles de ce mode de transport.

Leur hauteur au-dessus de la quille, réduite à son minimum par l'enlèvement des cheminées et autres pièces qu'on peut ôter, ne doit pas être de plus de $3^m,10$ à $3^m,30$ suivant le dévers de la voie, l'espace normal libre sous les ponts et les tunnels étant de $4^m,80$ au-dessus du rail extérieur.

La largeur du bateau varie avec le type du chemin de fer. Les lignes construites pour une seule voie peuvent porter, suivant les dévers, des bateaux larges de $3^m,65$ au minimum à $4^m,30$ (p. 46). Sur les lignes à deux voies, la largeur dépend du type suivi pour leur construction en vertu du cahier des charges et des dimensions du matériel et des chargements à croiser en route; le tableau de la page 43 donne les dimensions auxquelles on doit s'arrêter suivant les conditions que présentent ces deux éléments. Mais si l'on suppose que l'on évite les croisements en route et si l'on remarque que les courbes des lignes à deux voies ont des rayons d'au moins 400 mètres et des dévers qui ne dépassent pas $0^m,10$, on voit que les largeurs des bateaux peuvent atteindre, suivant les dévers, de $3^m,40$ à $3^m,85$ sur les lignes du type de 1842 et de $3^m,78$ à $4^m,23$ sur celles du type de 1857, quand il n'y a pas de souterrains (p. 46). La présence de tunnels à section normale ramènerait ces dimensions à être de $3^m,34$ à $3^m,72$ pour le type de 1842 et de $3^m,63$ à 4 mètres pour celui de 1857.

Pour chaque transport il sera nécessaire d'étudier l'itinéraire le plus favorable, et d'en déduire, d'après les données de ce mémoire, les plus grandes largeurs admissibles.

Enfin, l'étude des dimensions des plus gros chargements qui puissent passer par les chemins de fer m'a fait voir que sur les lignes à deux voies, les nouvelles dispositions des voitures à voyageurs et l'économie pour les chargements de marchandises amenaient à renoncer aux espaces libres ménagés sous les ponts et les tunnels pour le passage des agents sur les accotements et des portières accidentellement ouvertes.

Les voies sont aujourd'hui mal placées; elles devraient être à peu près à égale distance du milieu de l'entrevoie et des pieds-droits des ouvrages d'art. Les calculs ont indiqué ce que l'on pourrait faire dans ce sens, et l'utilité qu'il y aurait à abaisser un peu le sol des souterrains trop bas des lignes à deux voies. Les maçonneries des ouvrages d'art seraient conservées sans modification, et de simples ripages permettraient de donner aux voies, sans grandes dépenses, leurs positions les plus favorables ; le matériel roulant actuel circulerait encore dans de très bonnes conditions.

Je crois devoir appeler l'attention sur le progrès qu'on pourrait réaliser en élargissant les gabarits de chargement des marchandises et les voitures à voyageurs, au moyen de simples déplacements des voies sur la plate-forme des chemins de fer.

Paris, le 15 mars 1890.

PARIS, IMPRIMERIE DE CHARLES GÉRISSEY